JN145522

Gleam Book

公正証書 ア・ラ・カ・ル・ト

公正証書とは

藤原勇喜

株式会社 朝陽会

はしがき

日本では高齢化社会を迎え、愛と感謝のメッセージとしての遺言が増加していると言われています。しかし、この遺言は通常の手紙とは異なり一定の法律要件が備わっている必要があります。そこで、最近ではその不安と心配を解消するために、自己の責任において作成する自筆証書遺言ではなく、法律的知識を有する公証人に依頼して作成する公正証書遺言が増加しています。

このことは、遺言書だけではなく、複雑多様化し、また国際化の波が押し寄せる現代社会の中で、外国との渉外契約、高価な不動産の売買や事業・店舗・住宅に係る賃貸借、お金の貸し借りやそれに伴う担保の設定、高齢化に伴う後見契約など複雑・多様化し、かつ国際化する各種契約などについても公正証書で作成するケースが多くなっています。

公正証書は、遺言者の声やその気持ち、契約当事者の置かれた立場や状況を十分に公証人が斟酌(しんしゃく)して作成するわけですが、本書は、そういう事例を多く取り上げ、できるだけやさしく、分かりやすくコメント（詳しく説明）したものであり、『時の法令』第１８８０号~第１９９２号に連載し、ご好評をいただいたものにその後の状況の変化などを踏まえ、若干の加筆修正を加えたものです。そのテーマの中身・心髄を分かりやすく丁寧に解説し、公正証書を活用するか、あるいは本書を参考にしながら自分が作成してみようという意欲をもたれるか、身近な分かりやすいテーマ（質的にはかなり程度が高く奥が深い）を提供させていただきました。大いにご活用いただければと思う次第です。

なお、本書の刊行に当たっては、版元の（株）朝陽会、また、編集作業を担った雅粒社の皆様方に大変にお世話になりました。厚く感謝とお礼を申し上げる次第です。

平成28年4月25日

藤原　勇喜

目次

日本では高齢化社会を迎え、公正証書で遺言書などを作成するということが多くなってきたと言われていますが、公正証書は随分前から利用されていたのか、また、世界各国においても同じような状況であるのかというご質問です。

日本で公正証書が利用されるようになったのは、いつごろからですか。よその国はどうですか。

1 日本の状況

日本での公証人の萌芽は明治5年の太政官達司法職務定制に「証書人」として登場してきますが、制度としては明治19年8月11日法律第2号をもって制定された公証人規則によって始まりました。この規則はフランス公証人法、オランダ公証人法などにならって作られたものであると言われています。

その後明治41年4月14日に公証人規則は廃止され、同時に公証人法が制定されました。現在は公証人法を基本法として運用されています。

2 世界の状況

公証制度の沿革は、世界的には古くバビロニア、エジプトにまで遡ると言われていますが、近代的な公証制度は、中世11、12世紀に北イタリア地方でヴェネチアをはじめとする商業都市国家が繁栄し、商業活動が活発化するのに伴い、市民が、増大する契約書の作成を商業的な専門家、つまり今で言う公証人に依頼したことに始まると言われています。ヴェネチアを舞台にして16世紀末に書かれたシェイクスピアの『ヴェニスの商人』に公証人が顔を出しています。例えば、岩波文庫の145ページには、シャイロック「さあ、旦那だけの単記証文でようござんすからね、一緒に公証人のところへ行って、判をついていただきます。…」とあり、また同じ場面を新潮文庫の30ページには、シャイロック「その好意というやつを、ひとつ御覧に入れようではありませんか。これから公証人のところまで御足労いただいて、判さえついてもらえれば…」とあります。古くから公正証書が利用されていたようです。

ただ、現在の状況としては、公証制度として1つに統一されていません。世界の公証制度については大きく分けて2つの制度に分類できます。1つはノータリー（NOTARY）であり、もう1つはノータリー・パブリック（NOTARY PUBLIC）です。日本の公証人は、「ノータリー」と呼ばれる種類の公証人であり、「ノータリー・パブリック」と呼ばれる公証人ではありません。ノータリーは、ラテン系（大陸法系）の公証制度をとる国々（仏、独、伊、露など）の公証人の呼称であり、ノータリー・パブリックは、米国をはじめとするアングロサクソン系（英米法系）の公証制度をとる国々の公証人の呼称です。日本の公証制度は、前述した公証人規則・公証人法の母法が大陸法に属するフランス法、オランダ法、プロイセン法であることから、ラテン系公証制度に属しています。両者の職務権限の違いは、公正証書の作成権限があるかどうかであり、ノータリーは公正証書の作成の仕事が職務の中で重要な位置を占めていますが、ノータリー・パブリックをはじめとするアングロサクソン系の公証人にはその権限がありません。したがって、ノータリー・パブリックの場合は、文書の認証、宣誓供述書の作成などがその職務とされています。

公正証書にはどんな利点があるのですか？

日本は超高齢化社会を迎え、最近では孤独社会とも言われるような厳しい社会状況になってきています。こういう状況の中で、身体的・精神的・財産的な面などで不安や悩みなどをもつ方も多くなっていると言われています。

また同時に、社会の国際化、高度情報化、経済不安、あるいは格差、医療、介護、雇用、財政・外交、領土、自然災害、電力・エネルギーなど、社会はますます複雑多様化し、困難化してきています。一方で、権利意識の高揚とモラルハザードといった二律背反の側面もあり、人々は自己決定・自己責任社会を標榜し、透明で公正な情報により何事も自らの意思で決定をし、自己が責任をもつという社会状況にもなってきていると思われます。

その結果、自分の存在の一端として、自分の思いや悩みなど、あるいは夢・希望・理想といった自分の身の処し方を何かに刻んでおきたい、自分の財産の相続に関して自分の考えを文書に残しておきたい、ほかの人との約束事・取引内容などについて後で紛争が発生しないように、きちんと文書に残しておきたいというような気持ちが強くなってきているように思います。他者に対する信頼という面が若干脆弱化しているように思われる昨今、エンディングノートなどとともに、法治社会の下で通常の私文書とは異なった「公の文書」

として、現在はもちろん、将来にわたって自己が決定した内容が保証されるような形で何かを残しておきたいという思いが強くなってきているように感じます。

最近、公正証書が注目されているとよく言われるのは、以上のような社会状況の変化が背景にあるのではないでしょうか。そこで、私が公証人をしていた当時の経験と知識をもとに、公正証書とはいったいどういうものか、どういう沿革をもつのか、というようなことを含め、いわば公正証書の正体とでも言うべきものを分かりやすく紹介し、ぜひ読者の方々に公正証書について興味と関心をもって活用していただきたいと思っています。そのことがみなさまの生活をより確かで心豊かなものにし、まさしく生活に安心と安全、ゆとりと潤いをもたらすことになると確信します。

1　公正証書とは

公正証書は、法律行為と、その他の私権に関する事実について作成することができます。このことは公証人法（明治41年4月14日法律第53号）第1条に「公証人ハ当事者其ノ他ノ関係人ノ嘱託ニ因リ左ノ事務ヲ行ウ権限ヲ有ス。」と規定し、その第1号において「法律行為其ノ他私権ニ関スル事実ニ付公正証書ヲ作成スルコト。」と規定しています。この規定に基づき公証人が作成した証書が公正証書です。

2　法律行為についての公正証書

法律行為というのは当事者の意思表示に基づく法律的効果の発生を目的としてなされる行為のことを言いますが、意思表示の結合の態様によって、契約、合同行為、単独行為に分けられます。

契約には、売買・贈与（死因贈与）・消費貸借・賃貸借・請負・雇用・委任・担保権設定・財産分与などがあります。合同行為は、多数当事者による同一方向への意思表示を構成要素とする法律行為のことを言い、法人の設立行為などがこれに該当します。単独行為は、遺言のほか、権利の放棄、債務の承認などがあります。

3　私権に関する事実の公正証書

私権に関する事実について作成する公正証書とは、公証人が直接見聞した事実の記録として作成した事実実験公正証書のことを言います。公証人法35条は、「公証人証書ヲ作成スルニハ其ノ聴取シタル陳述、其ノ目撃シタル状況其ノ他自ラ実験シタル事実ヲ録取シ且其ノ実験ノ方法ヲ記載シテ之ヲ為スコトヲ要ス」と規定しています。この規定からも明らかなように、特定の物・場所・装置・現象などを目撃し、あるいは関係者の供述を聴取し、その経緯及び内容・結果などを公正証書に記載したものです。

この公正証書は、公証人が自らの五感の作用で認識した事実を対象としますので、売買契約などの法律行為を対象とする公正証書とは区別して事実実験公正証書と呼んでいます。例えば、終末期の医療行為に関して尊厳死宣言公正証書を作成することがあります。これは、終末期に、ただ生命を維持するためだけの延命措置をとらず、あるいは延命措置を中止すること、他方で、苦痛を和らげる処置は積極的に実施することなどを内容とするものです。公証人が、本人の嘱託により、嘱託人が述べる内容を録取する形式のものですので、事実実験公正証書に当たります。

4　公正証書作成の任意性

一般には公正証書を作成するか否かは任意です。

ただ、例外があります。法律の規定により公正証書によって作成しなければ効力を生じないとしているものがあります。任意後見契約（任意後見契約に関する法律3条）、事業用定期借地権設定契約（借地借家法23条3項）、規約設定公正証書（建物の区分所有等に関する法律32条。この場合は、公正証書によって規約を設定することができるという趣旨である）などがそれです。

よく公正証書にしておいたほうがいいよと言われるのは、次に述べるような公正証書がもつ効力があるからです。これが公正証書の利点であると言えます。

5 公正証書の効力

① 公の証書としての信頼性

公正証書は、特定の法律行為や事実について、利害関係をもつ人や法人からの依頼によって作成されます。契約であれば、消費貸借の貸主や借主などの契約の当事者の依頼によって作成されるのが通常です。遺言は、遺言者の依頼により、民法で認められた「公正証書による遺言」という方式（民法969条以下）により作成されます。

契約や遺言について公正証書が作成されたときは、公正証書自体が契約書又は遺言書の実質をもつことになり、契約書や遺言書が通常の私文書から公の証書としての存在になって、それだけ信頼性が高まると考えられます。

② 証明力（証拠力）

法律行為について公正証書を作成するには、公証人は、依頼者から詳しく事情を聴き、資料を確認し、内容を法律的に整序して公正証書を作成し、当該法律関係について疑問などが生じる余地がないようにします。これによって公正証書は、紛争の予防に役立ちかつ証拠としての強い効力をもちます。

③ 執行力

公正証書の内容が金銭の支払に関するものであるときは、債権者は、これによって判決と同様に強制執行をすることができます。金銭消費貸借契約により借りたお金の支払義務や、離婚に伴う養育費の支払義務の執行などに多く活用されています。これは、強制執行を受けることについて、あらかじめ債務者の承諾を得て、その承諾条項が公正証書に記載されていることによるものです。

この公正証書に基づき強制執行の手続を進めるには、公正証書を作成した公証人から強制執行をするための執行文の付与を受ける必要がありますので（民事執行法25条・26条）、公正証書を作成した公証役場で必要な書類などを確認するのが一番簡便です。

例えば、公正証書で約束した養育費の支払義務が履行されない場合には、その公正証書（執行証書の正本と言います）を持参して当該公証役場の当該公証人に執行文の付与を申し立てます。基本手数料は１件につき１７００円です（公証人手数料令８条・38条）。ただ、内容によっては加算される場合がありますので、具体的には公証役場で確認する必要があります。

この執行文の付与を受けて、今度はそれを持参して裁判所に実際の執行手続を申し立てます。

６　公正証書の安心性と安全性

公正証書は、公証役場に保存されるので、秘密が漏れるおそれがなく、紛失や隠匿の心配もありません。これも公正証書の利点であると言えます。

ただ、遺言公正証書の場合、証人２人の立会いが必要です（民法９６９条１項）。これは遺言者の同一性、精神状態の確かなこと、遺言が遺言者の自発的な意思によりされたものであり、遺言書に自らの意思で署名・捺印したことなどを公証人とは別の立場で証するためのものです。証人について心配や不安がある場合には、公証役場に相談されるとよいと思います。

7　公正証書の作成依頼

公正証書は、全国どこに住んでいても、近くの公証役場で作成することができます。公証役場は、法務省、法務局、地方法務局、その支局・出張所で、その所在場所が分かります。

公正証書の作成の依頼は、全国どこの公証役場でしてもよいのですが、病気などにより病院や自宅で遺言公正証書を作成するなどのために公証人に出張を求めることができるのは、その公証役場のある都道府県の範囲（北海道は、公証役場の属する法務局・地方法務局の管轄の範囲）としています。例えば、公証人が遺言書を作成するときなどには、公証人は、公証人役場以外の場所でもその職務を行うことができますから遺言者の自宅や病院などで遺言公正証書を作成することができます（公証人法57条・18条2項）。ただし、公証人が職務を行うことができる区域は、その公証人が所属する法務局又は地方法務局の管轄区域と定められています（公証人法17条）ので、その遺言者の自宅や病院がその公証人の職務の管轄区外にあるときは、そこへ公証人が出張して遺言公正証書を作成することはできません。もっとも、例えば病院などが公証人の職務の管轄区域内であれば、遺言者の住所が公証人の職務の管轄区域外であってもさしつかえありません。

なぜ、遺言は公正証書がよいと言われるのでしょうか？

1　公正証書遺言の増加

公正証書遺言は、この10年ぐらい確実に増加傾向にあります。これにはいろいろな原因が考えられるのですが、次の4つの視点から考えてみたいと思います。

1つ目は、社会の高齢化です。遺言をする人の数が着実に増えています。そして、その方々は長年にわたって育ててきた事業や貯えてきた財産を、人生の喜怒哀楽を振り返りながら、自分の気持ち――感慨、考え方、強い決意、期待、願いなど――を遺言というきちっとした形で残しておきたいと考える人が多くなっているのではないかと思います。

2つ目は、現代社会の世相として自己中心的な考え方が強くなってきていると言われていますが、そのことも1つの要因になっていると考えられます。

「自己中」という言葉があるように、あまりにも自己中心的で、負担（＝義務）からは逃げて、いざ相続になると権利ばかりを主張する、もし、自分の子どもにそういう傾向がみられると、親としては心配でたまらないわけです。実家を守る、家業を継ぐ、あるいは親の面倒をみたなどにより、負担をかけた子どもにはそれだけ多くの財産を残してやりたい、都会に出て好き勝手なことをやり、正月と盆などに顔を見せるだけという子どもには気持ちだけのものを残してやればいいなどと考える親もいるのではないか。もしそうであるとすると、そのことを遺言にきちっと書いておかないと、法定相続により子どもの相続分はみんな平等であるなどと言いかねない。親としては、それでは困る、子供としては同じように可愛(かわい)いが限られた財産であるので、子どもの負担に応じた形で財産を継承させたいという必死の思いで遺言書を書くということもあるのではないでしょうか。

３つ目は、自己決定・自己責任社会の到来ということも一因ではないかと思います。

今までですと、財産の相続については民法という法律に法定相続分が定められているのだから、それに従って相続すればいい、あとは子どもたちで仲良く話し合って財産分けをすればいい、親がいちいちしゃしゃり出ることはないといった風潮が強かったように思います。しかし最近は、権利意識の高揚により、もっと自己の思いや考えを前面に出して物事を決めて、そしてそのことについては自分で責任をもつという、本来の意味での個人主義（利己主義ではない）の考え方のもとで相続を考える風潮が強くなってきています。それが遺言につながっているように思います。

４つ目は、社会の国際化ということです。世界は１つとも言われるように、社会のあらゆる分野で一体化が進んでいると思われます。相続についても、アメリカのように「遺言なければ相続なし」と言われる国もあり、社会の国際化の中で、遺言がごく当たり前のこととして日本の社会に受け入れられてきているということがあると思います。

一昔前だと、「あの家のお父さん遺言したんだって！　何かあるのかしらね？」といったような形で、遺言をするというのはちょっとどこか違っているところがあるのではないかという意識でみられていたふしもあったかと思うのですが、今は全く違っています。「お隣の奥さん、遺言してもらったんだって！」「うちもしてもらわなくちゃ！」「子どもたちは子どもたちで勝手にやってるんだから、お父さん（夫）に、全部の財産を私に相続させるという遺言を書いておいてもらわなくっちゃ、私、放り出されちゃう！」「どうせ私が亡くなれば財産は子どもたちにいくんだから！」というような感じでしょうか。時代は大きく変わってきています。

まさに、財産の多寡にはあまり関係なく、みなさんが遺言を身近に感じている、そんな時代になっているように思います。

2　自筆証書遺言

自筆証書遺言について、民法９６８条１項は、「自筆証書によって遺言をするには、遺言者が、その全文、日付及び氏名を自書し、これに印を押さなければならない。」と規定し、その２項は、「自筆証書中の加除その他の変更は、遺言者が、その場所を指示し、これを変更した旨を付記して特にこれに署名し、かつ、その変更の場所に印を押さなければ、その効力を生じない。」と規定しています。

よく聞かれることがあるのです、「先生、どうして自筆証書遺言ではだめなんですか」って。「いや、だめではないのですよ。ただし、ちゃんと自分で自書するということが重要ですよ」「いや、先生、私は字が下手だから息子にパソコンで打たせようと思うんですけど…」「いや、それはだめですよ。字の上手、下手は関係ないですよ。自分で書くことが絶対に必要なんですよ」と言うと、「それでは私は無理だな…、やはり先生お願いします」と、自書ということに苦手意識をもっておられる方もいます。

自筆証書遺言は、その全文を自書して、さらに日付及び氏名を自書して、これに印を押さなければなりません。ところが、実際には日付についても平成何年何月吉日としているものがあったり、氏名についても「あなたの母より」とか、「お前の父より」と記載されている自筆証書遺言があったりするようです。手紙や小説であれば、「あなたの母より」などという表現のほうが余韻があっていいのではないかと思うぐらいですが、ここは正確に氏名で特定する必要があります。

もっとも、判例は、遺言者が何人であるかを知ることができ、他人との混同が生じない場合には、氏又は名のみでよいとしています（大判大正4年7月3日民録21巻1176ページ）。日付についても、1日でも新しい遺言のほうが有効になりますので、証書の日付として「平成何年何月吉日」と記載されている自筆証書遺言は、日付の記載を欠くものとして無効であるということになります（最判昭和54年5月31日民集33巻4号445ページ）。ただ、自筆証書遺言における押印は、遺言者が印章に代えて拇印（ぼいん）その他の指頭に墨・朱肉などをつけて押印すること（指印）をもって足りるとしています（最判平成元年2月16日民集43巻2号45ページ）。

3 公正証書遺言

公正証書遺言について、民法969条は、「公正証書によって遺言をするには、次に掲げる方式に従わなければならない。

1号　証人2人以上の立会いがあること。

2号　遺言者が遺言の趣旨を公証人に口授すること。

3号　公証人が、遺言者の口述を筆記し、これを遺言者及び証人に読み聞かせ、又は閲覧させること。

4号　遺言者及び証人が、筆記の正確なことを承認した後、各自これに署名し、印を押すこと。ただし、遺言者が署名することができない場合は、公証人がその事由を付記して、署名に代えることができる。

5号　公証人が、その証書は前各号に掲げる方式に従って作ったものである旨を付記して、これに署名し、印を押すこと。」と規定しています。

公正証書遺言は、この規定に基づいて公証人が作成しますが、次のような特色があります。

(1) 身体の不自由な人に代わって作成

遺言者自身が自ら作成する自筆証書による遺言では、前述したとおり、遺言者自身が遺言の全文を手書きする必要があるのですが（パソコンなどで作成することはできない）、公正証書による遺言では、公証人が遺言者から口授された内容を整理して筆記し、遺言者は、自分の意思に従った内容の遺言書が作成されているか否かを確認し、自分の考えているとおりに作成されていれば、遺言者は署名・捺印をするだけで済みます。

病気や怪我（けが）のために手が不自由で署名できないときは、公証人がそのことを確認し、その旨の記載をして本人の署名に代えることができます（民法９６９条４号）。

また、病気などのため、公証役場に出向くことができない場合は、公証人が病院や自宅に出張して遺言公正証書を作成することができます。

(2) 正確性の確保

遺言の内容については、遺言者本人の口授によりその内容を十分確認し、また、遺言者の遺言能力も慎重に判断した上、その効力に疑問が生じることのないように、公証人が法律的な側面も含め十分にチェックしますので、正確な遺言書が作成されます。

(3) 検認の有無

自筆証書遺言の保管者は、相続の開始を知った後、遅滞なく、これを家庭裁判所に提出してその検認を請求しなければなりません（民法１００４条1項）。

この検認手続は、遺言の執行前に、遺言書の形式その他の状態を調査確認し、その保存を確認するための一種の証拠保全手続であり、実質的な遺言内容の真否や効力の有無を判定するものではありません。判例も、その旨を明らかにしています。「検認は、遺言の方式に関する一切の事実を調査して遺言書の状態を確定しその現状を明確にするものであって、遺言書の実体上の効果を判断するものではない。」（大決大正４年1月16日民録21巻８ページ）と。

公正証書遺言の場合は、この検認の請求をする必要はありません（民法１００４条2項）。

(4)　遺言者の遺言の自由の確保

公正証書遺言は、遺言者が他人の強制や誘導を避けて自由に遺言できるようにするための手続でもあります。その基本は、遺言者が公証人に対し、利害関係者のいないところで、直接に遺言の趣旨を口授することができるというところにあります。遺言者の口述というのは、遺言者が公証人に対して遺言の趣旨を述べることを言いますが、自らの意思で、自らが公証人に遺言したい内容を直接述べることになりますので、大変重要な意味を有しています。

(5)　紛失や隠匿などの防止

公正証書は、公証役場に保存されるので、秘密が漏れるおそれがなく、紛失や隠匿の心配もありません。

ただ、証人2人以上の立会いは必要です（民法969条1号）。これは遺言者の同一性、精神状態の確かなこと、遺言が遺言者の自発的な意思によりなされたものであり、遺言書に自らの意思で署名・捺印したことなどを公証人とは別の立場で証するためです。

(6) 手数料

公正証書を作成するには手数料がかかります（公証人法7条、公証人手数料令9条）。例えば、遺言の目的の価額が500万円を超え、1000万円以下の場合は1万7000円、3000万円を超え5000万円以下の場合は2万9000円、5000万円を超え1億円以下の場合は4万3000円が基本手数料になります。ただ、遺言の内容によって若干加算されることもありますので、公証人によく確認することが大切です。

4 遺言は、人生最後の愛と感謝のメッセージ

今まで述べてきましたように、自筆証書遺言は、自分だけで人知れず作成することができますし、手数料もかからないという利点はあるのですが、作成した遺言書が有効な遺言書であるかどうか、関係者にみられないためにどこに保管すればよいかといった点で心配な面もあります。

公正証書遺言は、遺言書としての有効性とか、遺言書の保管などの面では心配は少ないという利点はあるのですが（公正証書の原本は公証役場に保管）、自分だけで人知れず作成するということには

なぜ、遺言は公正証書がよいと言われるのでしょうか？

ならず（公証人・証人の立会い）、また、手数料がかかるということも心配であると思われます。

遺言は、人生最後の愛と感謝のメッセージと言われます。そのような大切な遺言書は、安全で安心できるものであって欲しい。公正証書がいいよと言われるのは、そんな気持ちからでしょうか。公正証書遺言によって、少しでも不安が解消され、安心できることになればこれは大変意義深いことであると思います。

誰でも遺言を公正証書ですることができるのですか？

1　未成年者の遺言能力

遺言は何歳になったらすることができるのですか?…と聞かれることがあります。15歳になったらできますよと言うと、へぇーそんなに若くしてできるんですか…と言われる方が多いですね。

通常の取引行為（売買契約など）は、20歳になるまでは法定代理人（父母など）の同意がなければ、自分ですることはできません（民法4条・5条）。民法は、独りで取引界の荒波を乗り切っていく行為能力と、日常の身近な生活の中で多少の損得はあっても自らの考えによる財産の分配と心情を吐露する能力を区別し（民法962条）、死を意識した人の判断（遺言）については、「15歳に達した者は、遺言をすることができる。」と規定し、15歳でその能力があるとしています（民法961条）。したがいまして、15歳に達した者は、その遺言書作成の時に意思能力がある限り、遺言公正証書作成のために必要な能力（遺言能力）があるということになります（民法961条・963条）。

2　成年者の遺言能力

遺言能力というのは、一般的には、遺言の内容を理解し、その法律効果を弁識（わきまえ知ること）して、遺言することができる能力（意思能力）のことを言います。この遺言能力があるかどうかは、一般的・抽象的に考えるのではなく、問題となっている当該遺言の内容との関連において相対的に判断する必要があります。

私の経験から考えてみますと、遺言しようとする方が日常会話などが必ずしも十分にできない場合でも、いざ自分の財産の処分ということになりますと、身体全体をゆするようにして自分の考えを述べようとする場合が多いように思います。自分の財産として、例えば土地と建物、そしてA社の株式とB銀行の預金があること、子どもが2人いて、長男が太郎、長女は花子ということ、土地と建物は長男の太郎にやる、花子は嫁にいっているので株式と預金の一部をやるといったようなことを必死になって訴えるように話す場合が多いのです。したがって、遺言者自身が所有する土地・建物や株式・預金といった大切な財産については、日常生活での判断能力が少し心配な状況であり、日常会話が必ずしも十分とは言えない状況になった人でも、事柄の重要性の判断はできる場合が多いように思います。ですから、自分の子どもとして誰と誰がいて、自分が死亡したら誰に何を、ほかの誰には何をやるといったことをかなり正確に理解し、常日頃から一生懸命に考えていたのではないかと思われるほどしっかりと述べる場合が多く、何をどうするのかについて必死になってその最終意思（最終の考えや思い）を公証人に口述（口頭で述べること）で伝えようとすること、すなわち口授（言語をもって申述すること）する場面に多く遭遇しました。

民法969条2号で、遺言公正証書の要件として、「遺言者が遺言の趣旨を公証人に口授すること。」と規定しているのは、遺言者の真意を確認するためには、このような方法によることが適切であるという趣旨によるものですから、必ずしも遺言の内容の一言一句のすべてを遺言者が口述する必要はないものの、公証人が遺言者の真意を確認できる程度には、遺言の概要について遺言者から口述される必要があると解され、単なる草稿の読み聞かせと、それが間違いない旨の承認をしただけでは、口授の要件を満たしたと認めることはできないと解されています。判例も、公証人の質問に対し、遺言者が言語をもって陳述することなく、単に肯定又は否定の挙動を示したにすぎないときは、口授があったとは言えないとしています（最判昭和51年1月16日家月28巻7号25ページ）。

公証人が公正証書を作成する場合、一番大事なこととして励行していることは、遺言しようとしている人が本人に間違いないかどうか（同一性）の確認と、遺言者が遺言公正証書の内容を理解して、その意思を表示しているか否か、すなわち遺言者本人の意思能力（判断能力）の有無確認です。遺言者の遺言能力は、その意思確認の前提になるところの、遺言者自身の意思を表示する能力があるかどうかの確認ということであり、公証人は、この遺言能力の有無の確認に全精力、全注意力を傾注しているわけです。

3　成年被後見人などの遺言能力

成年被後見人は、「精神上の障害により事理を弁識する能力を欠く常況にある者」（民法7条）のことを言いますが、このような状況にある成年被後見人のした遺言は無効です。

しかし、民法973条は、成年被後見人と言えども判断能力を回復している場合には有効な遺言をすることができるとし、民法962条は、「成年被後見人の法律行為は、取り消すことができる。」と規定する民法9条の適用を排除し、この場合の成年被後見人の遺言を取り消すことができない旨定めています。

しかし、事理弁識能力（事柄の意味を理解する能力）を欠く常況にある者（判断能力を常に欠く状況にある者であり、意思無能力者と同じ意味です）が一時的に能力を回復しているかどうかは、しばしば判然としない場合があると考えられ、また、遺言書作成後にその点について争いが生じることも予想できます。このことから、民法973条1項は、「成年被後見人が事理を弁識する能力を一時回復した時において遺言をするには、医師2人以上の立会いがなければならない。」と規定していま す。そして、同条2項本文は、「遺言に立ち会った医師は、遺言者が遺言をする時において精神上の障害により事理を弁識する能力を欠く状態になかった旨を遺言書に付記して、これに署名し、印を押さなければならない。」と規定しています。

遺言公正証書の作成に当たって、成年被後見人は、公証人に遺言の趣旨を口授し、公証人が遺言者の口述を筆記し、これを遺言者及び証人に読み聞かせ又は閲覧させ、遺言者及び証人が筆記の正確なことを承認した後、各自これに署名し、印を押し、公証人がこの証書は、民法969条（前掲15ページ）に掲げる方式に従って作ったものである旨を付記して、これに署名し、印を押します。成年被後見人である遺言者は、前記手続の全段階において本心に復していることを要し、医師はその間を通してこれに立ち会い、遺言書に、遺言者は遺言をしたとき判断能力喪失の状況になかった旨付記し、署名・押印をしなければなりません（民法973条2項）。

なお、被保佐人（精神上の障害により事理を弁識する能力が著しく不十分である者）及び被補助人（精神上の障害により事理を弁識する能力が不十分である者）は、保佐人や補助人の同意を得ることなく有効に遺言をすることができます（民法962条による民法13条（保佐人の同意を要する行為等）及び17条（補助人の同意を要する旨の審判等）の遺言への適用排除）。

4 通訳などによる遺言

平成11年12月の民法改正により、民法969条の2が新設され、平成12年1月8日から施行されています。この改正により、口がきけない人、耳が聞こえない人についても筆談・手話通訳などにより遺言公正証書の作成が可能となりました。

新設された民法969条の2は、その1項において、「口がきけない者が公正証書によって遺言をする場合には、遺言者は、公証人及び証人の前で、遺言の趣旨を通訳人の通訳により申述し、又は自書して、前条第2号の口授に代えなければならない。この場合における同条第3号の規定の適用については、同号中『口述』とあるのは、『通訳人の通訳による申述又は自書』とする。」と規定しています。

遺言される方が口をきけない場合は、遺言の内容を公証人に口授することができませんので、口授に代えて通訳人の通訳による申述（申し述べること）によるか、自書によることになります。この場合の自書は、自筆証書遺言における「自書」の意義より広く、ワープロ、パソコンなどのキーボードを操作して文字を表現する場合を含むと解釈されています。すなわち、ワープロ、パソコンなどのキーボードから入力する場合でも、公証人及び証人の面前で行われ、本人の真意によることが確認できる限り、「自書」に当たると解することができます。

例えば、パソコンを例にとってみますと、パソコンは目の動きによって操作することも可能であると言われ、事故などで遺言者が筆談能力や発語能力を失っているような場合においても聴力・視力に異常がないような場合には、公証人の質問に対し、遺言者の目の動きによって発音したい文字を順次特定する方法により回答し、遺言内容を確定し、遺言書を作成するようなことも可能ではないかと考えられます。

自筆証書遺言の場合は、遺言者が、その全文、日付及び氏名を自書し、これに印を押さなければならないのですが(民法968条)、この場合の自書は、公証人が関与しておりませんので、筆跡によって本人が書いたことを判定できるものでなければなりません。そのため、タイプライター、ワープロなどを利用した場合には、自書に当たらないことになります。

民法969条の2第2項は「前条の遺言者又は証人が耳が聞こえない者である場合には、公証人は、同条第3号に規定する筆記した内容を通訳人の通訳により遺言者又は証人に伝えて、同号の読み聞かせに代えることができる。」、その3項は「公証人は、前2項に定める方式に従って公正証書を作ったときは、その旨をその証書に付記しなければならない。」と規定しています。遺言される方が耳が聞こえない場合には、その遺言の趣旨を公証人に口授することはできますので、公証人が筆記した内容を通訳人の通訳により遺言者又は証人に伝えることになります。

この民法969条の2に規定する「通訳人」は、手話通訳人に限られるものではなく、何らかの資格をもった者である必要もなく、遺言者本人の意思を確実に他者に伝達する能力を有する者であれば、広くこれに当たると解することができます。

5 遺言者の署名能力

民法969条4号ただし書きは、「遺言者が署名することができない場合は、公証人がその事由を付記して、署名に代えることができる。」と規定しています。

この署名できない場合というのは、遺言者が読み書きができない場合、手の機能に障害がある場合、重病（癌など）のため、わずかに身体を動かすにも甚だしい苦痛を感じるなどの場合です（最判昭和37年6月8日民集16巻7号1293ページなど）。もちろん、意識はしっかりしており、判断能力は心配ない場合に限りますが、私の経験でも、こういうように署名が難しい事例は、少なからずあったように記憶しています。

すでに作成している遺言書を、その後の事情で気持ちが変わり、もう一度遺言書を書き直したいという場合があります。私も公証人として何回か相談を受けたことがありました。

遺言書を書き直すということは、すでに作成している遺言を撤回（過去にされた行為の効力を将来に向かって消滅させること）して、新しい遺言書を直ちに作成したいという場合と、とりあえず撤回しておいて、少し状況をみながら時期をみて遺言書を作成したいという場合が考えられますが、いずれの方法によることも可能ですし、さらには撤回のみして、新たな遺言をしないことも可能です。

公正証書でした遺言書を、書き直したいのですが。

1　遺言の撤回（撤回遺言）

民法１０２２条は、「遺言者は、いつでも、遺言の方式に従って、その遺言の全部又は一部を撤回することができる。」と規定しています。この規定は、遺言の撤回の自由とその方式について定めたものですが、遺言は遺言者の最終の意思を尊重することが大切ですので、遺言者は、死亡の時までいつでも遺言を撤回できることとし、ただ、本当に撤回したかどうか分からないのでは困るので、撤回意思を明確にし、後日紛争が起きることがないようにするために、撤回する旨の遺言をつくることによって撤回しなければならないと定めています。

このように、遺言は、いったん作成したからといって、遺言者はそれに拘束されるわけではありません。遺言者は、遺言書作成後に気が変われば、作成した遺言と異なる内容の遺言をすることができます。

ご質問の方の場合、すでに公正証書で遺言をされているということですが、この遺言の撤回は、必ず公正証書でしなければならないわけではありません。自筆証書遺言ですることもできます。

2 遺言の抵触（抵触遺言・抵触行為）

前述のように、遺言の撤回は、遺言の方式によるのが原則（民法１０２２条）ですが、例外として、民法は、ある行為が存するときは、遺言の撤回があったと擬制する規定を置いています。民法１０２３条は、その１項において、「前の遺言が後の遺言と抵触するときは、その抵触する部分については、後の遺言で前の遺言を撤回したものとみなす。」と規定し、その２項で、「前項の規定は、遺言が遺言後の生前処分その他の法律行為と抵触する場合について準用する。」と規定しています。

第１項は、前の遺言と内容の抵触する後の遺言が作成された場合のことですが、遺言が終意処分であることから、後の遺言を優先すべきであるとするものです。第２項は、遺言と抵触する内容の生前処分などがその後にされた場合のことですが、内容の抵触する生前処分などを行ったということが、遺言者の意思の変更とみられる場合です。例えば、夫が「妻に全財産を相続させる」旨の遺言書を作成した後、その夫がその妻と離婚したような場合です。この場合、一般的には、別れた妻に全財産をやるということはまずないであろうということを前提として、遺言者の真意は問わず、仮に撤回の意思がなくても撤回したものと擬制しているわけです。

判例も、「終生扶養を受けることを前提として養子縁組をした上その所有する不動産の大半を養子に遺贈する旨の遺言をした者が、その後養子に対する不信の念を深くし、扶養を受けないことにして協議離縁をした場合」を、前の遺言が遺言後の生前処分その他の法律行為（この場合は協議離縁がそれに該当します）と抵触する場合に当たるとしています（最判昭和56年11月13日民集35巻8号1251ページ）。

3　遺言書の破棄

遺言の撤回は、以上のように、自らの意思による撤回（民法1022条）、遺言の内容の抵触による撤回（撤回したものとみなされる撤回。民法1023条1項）、遺言後の法律行為によって撤回したものとみなされる撤回（民法1023条2項）のほかに、遺言書の破棄という事実行為によって遺言を撤回したものとみなされる場合があります。民法1024条は、「遺言者が故意に遺言書を破棄したときは、その破棄した部分については、遺言を撤回したものとみなす。遺言者が故意に遺贈の目的物を破棄したときも、同様とする。」と規定しています。

破棄というのは、遺言者が遺言書であることを認識した上で、文字どおり破ってだめにすることですが、焼き捨て、切断などの遺言書自体の破棄の場合と、遺言書の内容を識別できない程度に抹消し、元の文字が判読できないようにする場合を含みます。この遺言書の破棄によって破棄した部分につき撤回したものとみなされ、遺言者の死亡を待たず、その時点で撤回の効力が生じます（民法１０２４条前段）。それから、公正証書の破棄は、公証役場に保存されている原本の破棄を意味しますので、遺言者の手元にある正本を破棄しても撤回の効力を生じないと解されます。

遺言者が、遺言書ではなく、遺贈の目的物を故意に、遺言者自身の行為によって破棄したときも、破棄した部分について遺言を撤回したものとみなされます（民法１０２４条後段）。

４　撤回遺言の撤回

今まで考察してきましたように、最初にされた遺言は、それを撤回する撤回遺言により撤回することができ、また、その内容に抵触する遺言によってその抵触する部分については撤回したものとみなされ、あるいは最初の遺言の内容と抵触する法律行為などによって、前の遺言が撤回したものとみなされる場合に、その撤回行為をさらに撤回することが考えられます。その場合に、いったん撤回された前の遺言の効力が復活するかどうかが問題となります。この点に関し、民法１０２５条は、「前３条の規定により撤回された遺言は、その撤回の行為が、撤回され、取り消され、又は効力が生じなくなるに至ったときであっても、その効力を回復しない。ただし、その行為が詐欺又は強迫による場合は、この限りでない。」と規定しています。この考え方は、最初の遺言を撤回する遺言が撤回されても、最初の遺言は復活しないもの（非復活主義）とし、ただ、その例外として、最初の遺言を撤回する遺言が詐欺や強迫による場合は、その撤回する意思が真意ではなかったわけですから、撤回されなかったことになって最初の遺言が復活するとしています。

例えば、最初の遺言で「甲不動産と乙不動産をＡに遺贈する。」、第2の遺言で「甲不動産をＢに遺贈する。」、第3の遺言で第2の遺言が撤回された場合、遺言者の真意は、甲不動産も乙不動産もＡに遺贈する趣旨なのか、乙不動産のみをＡに遺贈する趣旨なのかは必ずしもはっきりしません。このような場合のことも考慮して民法１０２５条本文は非復活主義を定めたものと考えられます。

判例は、この非復活主義の考え方を基本としつつも、民法１０２５条ただし書の規定を考慮し、「原遺言を遺言の方式に従って撤回した遺言者が、更に右撤回遺言を遺言の方式に従って撤回した場合において、遺言書の記載に照らし、遺言者の意思が原遺言の復活を希望するものであることが明らかであるときは、本条ただし書きの法意にかんがみ、遺言者の真意を尊重して原遺言の効力の復活を認めるのが相当である。」（最判平成9年11月13日民集51巻10号４１４４ページ）とし、原遺言（最初の遺言）の復活を認めています。単純な復活説ではなく、遺言者の復活の意思が、遺言書の記載に照らして明らかな場合に、民法１０２５条ただし書の法意に照らして復活を認めています。この法意というのは、遺言を撤回する行為が詐欺又は強迫による場合は、撤回が真意に出たものでないことから第一遺言が復活するという意味ですが、判例は詐欺・強迫がなくても遺言の撤回が真意に出たものでなく、その真意は遺言書の記載に照らし、むしろ原遺言の復活を希望していると認められるという事情がある場合には、原遺言の効力の復活を認めています（最判平成9年11月13日民集51巻10号4144ページ）。結局、原則的には、最初の遺言を撤回する遺言を撤回しても、最初の遺言は復活しないが、遺言者が特に最初の遺言の復活を望む場合は、最初の遺言を撤回する遺言を撤回する遺言の中で、その旨を明確にしておく必要があるということになります。もし、それをしていない場合には、もう一度新しい遺言として書き改めるか、いずれかの方法が考えられます。

5　撤回権の放棄

遺言者は、その遺言を撤回する権利を放棄することはできません（民法１０２６条）。遺言自由の原則により、遺言者の最終意思を尊重する必要があるからです。もし仮に、遺言者が受遺者と遺言を撤回しない旨の契約をしていてもその契約には拘束されることはありません。

ただ、遺言が詐欺・強迫によりされたときは、その詐欺・強迫を原因とする遺言は取り消すことができます（民法96条）が、この取消権は放棄すること、すなわち追認すること（民法１２０条・１２２条）はできます。

6　遺言書の書き直し

遺言書を書き直して新しい遺言書を作成したいという場合には、法律的には、前の遺言書をそのままにしておいて、新しい内容の遺言書を作成すれば、その抵触する部分については、後の遺言で前の遺言を撤回したものとみなされますので、前の遺言をわざわざ撤回しなくても書き直しをしたのと同じ効果が発生するのですが、私の経験では、やはり前の遺言書がそのまま残っているということが心配であるという遺言者の方が多く、若干の手数料はかかりますが、最初の遺言書ははっきりと関係者に分からないようにしておきたい、すなわち撤回遺言をしておきたいという方が多かったですね。

そこで、まず、最初の遺言を撤回する遺言書を作成するということを基本にして、その上で、直ちに、あるいは時期を置いて遺言書を作成する場合のことを説明をしたのですが、前述のように、この撤回にも、前の遺言を撤回する遺言による撤回（撤回遺言。民法１０２２条）だけでなく、内容が抵触するために、その抵触部分について撤回したものとみなされる撤回（抵触遺言。民法１０２３条１項）があり、また、前にされている遺言と抵触する生前処分その他の法律行為が遺言後に行われた場合に、すでにされている遺言が撤回されたものとみなされる場合（抵触行為。民法１０２３条２項）などがありますので、それらの撤回についても関連する事柄として説明しました。

遺言は、人生最後の愛と感謝のメッセージと言われますように、遺言者の最終の意思・気持ち・思いなどが重要ですし、尊重されなければなりません。そして、その最終意思もその時々の立場・事情などによって変化してくることが考えられますので、そのときにすでに作成している遺言書の内容を変更したい、書き直したいということがあり得ます。このような場合には、今まで説明してきましたように、遺言によって自由に書き直しができます。公正証書で遺言をしている場合に、自筆証書によって書き直すことができますし、逆の場合も自由にできます。

また、一度公正証書で遺言書を作成したら自由に書き直しができないのではないかと心配される方がいるかもしれませんが、そんな心配はいりません。判断能力がある限り遺言によって自由に書き直しができます。もし、心配や不安がありましたら、お近くの公証役場に相談されるのも1つの方法ではないかと思います。相談料はかかりませんので、お気軽に利用されてはいかがでしょうか。

ご質問の趣旨が、ご夫婦が共同名義で1通の遺言書を作成したいということであれば、これはできません。しかし、そうではなくて一緒に公証役場に来られて、一緒の機会にそれぞれ別々に1通の遺言公正証書を作成したいというのであれば、これはできます。通常ご夫婦で公証役場に来られて仲良くそれぞれの遺言公正証書を作成しておられます。

私1人では不安なので、夫と一緒に遺言公正証書を作成したいのですが。

1　夫婦遺言

民法975条は、「遺言は、2人以上の者が同一の証書ですることができない。」と規定しています。この共同遺言書が禁止される理由としては、それを許すと単独でする意思表示としての遺言をする自由及びその撤回の自由を奪う可能性があること、複数の遺言のうち1つの遺言が無効であると他の遺言の効力がどうなるかという問題が発生する可能性があること、遺言は、遺言者の最終意思に基づき、自主独立に、しかも明確になされるべきであるにもかかわらず、共同遺言になると相互に相手の意思に影響されているのではないかという疑いを生ずる余地があることなどが考えられます。

判例は、夫が内容を説明した上で、妻の承諾を得て、夫が両名の署名をした遺言であっても、その内容が、「夫名義の不動産を子に分け与えるが、夫が先に死亡し、妻が残った場合には、まず妻が全財産を相続する」旨定めたものについて、共同遺言として、その遺言全体を無効であるとしています（最判昭和56年９月11日民集35巻６号１０１３ページ）。もっとも、同じ用紙を用いている場合であっても、切り離せば２通の独立した遺言書となるものは、共同遺言とはならず、それぞれ独立した遺言書となり、それぞれ独立した効力を有することになると解されますし、各独立した複数の自筆証書遺言が同一の封筒に入れられている場合も同様に解されます。

また、複数の遺言が同一の証書でなされていても、それぞれの意思表示がそれぞれ単独の意思表示として区別可能であり、かつ、遺言の内容が相互に関連していない場合には、それぞれが単独の遺言としての要件を備えている限り、独立の遺言として有効とされる可能性はあります。判例は、何枚かの用紙を用いて遺言書を作成した場合について、４枚綴（つづ）りの遺言書のうち、１枚目かつ３枚目までが夫の遺言書として署名・捺印されていて、４枚目が妻の遺言書として署名・捺印されている場合であっても遺言相互に内容上の関連性がなく、両者を容易に切り離すことができる場合には、４枚綴りの綴り目に夫の印章による契印がされていても、その遺言は共同遺言に当たらないとしています（最判平成５年10月19日家月46巻４号27ページ）。

遺言公正証書を作成する場合には、共同遺言が禁止されている趣旨を説明し、よほどの理由がない限り、ご夫婦それぞれ単独で各自１通の遺言公正証書を作成しています。そこでご夫婦がそれぞれの立場で１通の遺言公正証書を作成する場合に参考となると思われることについて説明します。

2　夫の遺言

日本では、古くから遺言による遺産処分が認められており、徳川時代でも遺言で家の跡目（家の跡継ぎ）や財産の処分を定めるといったことも行われていたようです。しかし、明治民法が家督相続制度を採用したことから、その時代はあまり遺言は利用されなかったようです。第2次世界大戦後、家督相続制度が廃止され、共同均分相続、配偶者相続の原則が採用される中、日本は高度経済成長期を経てバブル崩壊を経験し、その後の厳しい社会経済情勢の下で、営農者や企業の経営者などが資産の細分化を避けるため遺言を利用するようになったと言われています。そしてまた、高齢化が進み核家族化が進行する中で、老親としては、親の面倒をみ、苦労をかけた子どもには多くの財産を残してやりたいという親としての自然な感情が生まれ、夫婦の間では10歳近くも平均寿命が長い妻が後に残され、生活に困るようなことになってはならないという夫としての自然な気持ちから、遺言による遺産配分ということを考える人が増加しています。今世界は1つと言われるようにボーダレス社会の中で人・物・情報が世界をかけめぐり、遺言なければ相続なしといったアメリカ文化の影響もあってか、遺言がごく普通のこととして受け入れられる社会になってきていると思います。かつては、「あの家の主人、遺言したんだって！　何かあったのかしら！」と、遺言するということが何か特別のこととして奇異な感じを抱かせるような一面もあったのではないかと思われるのですが、最近では、「隣の奥さん、遺言してもらったんだって！　うちも妻に全部やるという遺言をしてもらわなくちゃ！　子どもたちは子どもたちでやっているのだから、いずれは子どもたちにいく財産だしね！」と、遺言がごく普通のこととして社会に受け入れられている感じですね。

　そういう世の中の状況もあってか、よくご夫婦で一緒に遺言の相談に公証役場に来られます。そして、ご主人からは、「妻に私の財産の全部を相続させたいと思うんですが、そういう公正証書を作ってください」と言われます。そして、「妻に長い間面倒をかけ、いろいろと世話になったからね…。今、私にできることは少ない財産だけれどもその全部を妻に残してやることぐらいしかできないからね…」と。伺っている私のほうがグッとくるということがありました。また、次に印象に残っているのは、子どもがいらっしゃる方の場合は、「子どもたちは別所帯でそれぞれやっているからね…。妻が１人放り出されちゃ可哀想だから…」と。これまた聞いている私のほうがググッ…ときて声がうわずってしまうことがありましたね。子どもさんがおられないご夫婦の場合は、「私には兄弟姉妹がいるのでね…。仲良くやっているけど私たち夫婦の財産形成には関係していないから、私の財産の全部を妻に相続させたいと思っている。遺言書を書いておかないと、４分の１は、私の兄弟姉妹のほうにいってしまいますよね」と。それはそのとおりです（民法９００条３号）。しかも、兄弟姉妹には遺留分がありませんから（民法１０２８条）、遺言書どおり全財産を妻が相続することができます。

　そのほか、ご夫婦の間に子どもはいないが、夫には年老いた父（又は母、あるいは両親）がいる場合があります。夫が遺言書を書こうかという年齢に達しているわけですからケースとしては少ないのですが、この場合は夫の遺言がなければ、妻が3分の2、夫の親（直系尊属）が3分の1の相続分を有することになります（民法900条2号）。私の記憶の中で、「全財産を妻に相続させる。ただし、私（夫）亡き後、私の親の面倒を責任をもってみること」といった内容の負担付きの遺言書を作成して欲しいということで、そういう内容の遺言書を作成した覚えがあります。なお、この場合の夫のお父さん、お母さんには遺留分があります（民法1028条1号。夫のお母さんのみが生存しているとしますと遺留分は9分の1ということになります）。

3　妻の遺言

妻の遺言についても、夫の遺言の場合と同様であると考えられるのですが、一般的には妻名義の財産は夫の財産に比べてかなり少ない場合が多いので、遺言の内容については夫の場合と若干違うように感じられます。

子どもがいないご夫婦の場合は、妻も、「私の兄弟姉妹と仲良くしているけれど、私の財産は夫の財産の一部みたいなものですから、全部夫にもらって欲しい」ということで、「私の財産の全部を夫何某に相続させる」旨の遺言書を書いてくださいという場合が多かったように思います。「先生、金額は入れなくていいですよね！」「いいですよ」「ああよかった」と真剣に聞かれる奥様方の様子が今でも時々浮かんできます（裏の声として、へそくっている金額がバレちゃうからね…ということでしたが、倹約して、そっと貯められたお金だからそんなに心配されなくても…と言うと、それはそうだけれど額がバレるとね…ということでした）。

ただ、子どもがおられる場合は、私の印象では、「全財産を夫何某に相続させる」旨の遺言をされる方と、そのことについては子どもたちにも母親の気持ちとして少しはあげたいから法定相続でいいです、夫はお金をもっているので生活に困らないし…という方に分かれていたような感じでした。そして、後者の場合には、夫にはお金ではなく、これだけは記念にすべきものだから、夫にあげなければ…などと言って特定の品物を相続させると書いてくださいと言われたこともあったように記憶しています。そして、夫が1人残される場合ですので、「お父さんは身の回りのことは何もできないから、あなた方（子どもたち）はちゃんとお父さんの面倒をみてあげてね…」というような趣旨のことをちゃんと先生入れてくださいと言われたようなこともあります。ここのところも、男である私としては「グッ…」と気持ちがこみあげてくるところでした。

妻の親が存命する場合に、夫に何かをお願いしておくという内容を書いて欲しいということは少なかったようで、私の記憶にはほとんどありません。やはりこの場合、夫に自分の親の身の回りのことを依頼するということは多くの場合難しいように思われますので、書かれるとすれば、金銭的支援のことだったのではなかったかと推測されます。

4　ちょっとだけ気をつけたいこと

夫婦遺言の場合における夫（甲とします）のご兄弟（姉妹）の立場でちょっと考えてみたいと思います。甲の兄弟としては、甲が妻の花子さんに全財産を相続させる旨の遺言を書くことは当然のことであり、何の問題もないということが普通の感覚ではないかと思われます。甲と妻の花子さんとの間には子どもはいないし、2人で苦労して築いた財産だから、兄貴（甲）が亡くなったら嫁の花子さんに全財産がいくのは当たり前だよということになる。

ところが、実際に甲が亡くなって甲の全財産が全部花子さんに帰属した瞬間に、ちょっと待ってよ、この後花子さんが亡くなったらどうなるの？　それは、花子さんの兄弟（姉妹）に全部いっちゃうよ。そしたら兄貴（甲）の財産だった分も全部花子さんの兄弟（姉妹）にいっちゃうの？　という話になって気持ちがおだやかでなくなるということが考えられます。

ここは非常に難しいところなんですね。そこで、子どものいないご夫婦が相談に来られた場合は、参考までにということで、このこともお話しをさせていただいていました。そうしますと、妻である方々は多くの場合、それは不公平です、私たちの財産は夫と2人で築いたものですから、私が夫の財産を全部相続するのはいいと思いますが、兄弟（姉妹）の世代になりますと、夫の兄弟（姉妹）も私の兄弟（姉妹）も同じ立場ですから、私の兄弟（姉妹）だけが私たちの財産（夫から相続した財産も含まれている）を全部相続というわけにはいきません。「先生、私も遺言を書きます。もし、私が夫私１人では不安なので、夫と一緒に遺言公正証書を作成したいのですが。

の財産を相続した後に死亡したときは、私の財産の2分の1の割合を夫の兄弟（姉妹）である何某、何某に均等の割合で遺贈する趣旨の遺言を作成してください」と言われる。これはすばらしいバランス感覚であって、それぞれの置かれた人の立場を思いやることができるやさしい感性をもっておられる方々ではないかと思いました。

＊

本章でのご質問は、ご夫婦が共同で1つの遺言公正証書を作成できないかということでしたが、この点についてはできないということになりました。そこでご夫婦で遺言される場合でも、それぞれ別々に1つの遺言公正証書を作成することになりますので、その作成に当たり、夫の立場、妻の立場で参考にしていただければと思われる事柄について、夫の遺言、妻の遺言というそれぞれの側面から若干の説明をしました。参考にしていただければたいへんありがたく思います。

家業を継いでいる息子に全財産を相続させる公正証書遺言を作成したいのですが。

最近、家業を継いでいる子どもや、老後の面倒をみてくれた子どもに、財産を多く残してやりたい、そういう内容の遺言書を作成したいという気持ちをもっておられる方が多いように思われます。現在の世の中の風潮としては、いわゆる「自己中」という言葉に代表されるように、自分の権利のみを主張し、義務からは逃げる、自由のみを主張し、責任を負わないといった傾向が強くなっているのではないかと言われています。そういう中で、法律上は均分相続ですよと主張されると親としてはたまらないという気持ちになり、やはり負担をかけた子、面倒をみてくれた子には多くの財産を残してやりたいという思いが強くなるようです。

均分相続といっても、負担に応じて平等ということが基本的な考え方ではないかと思いますが、社会が複雑困難化し、権利意識の高揚や価値観の多様化といった現象の中で、子どもたちへの財産の承継という場面で、民法の規定にまかせる（法定相続）のではなく、自分の考えを遺言という形で明確にし、子どもたちの間で財産をめぐって争うということがないようにしておきたいという強い気持ちが働くということも、ごく自然なことのように思います。まさに自己決定、自己責任社会の到来ということを強く感じます。

家業を継いでいる人に全財産を相続させる旨の遺言書を作成することはもちろん可能です。具体的には、例えば、「遺言者は、その遺産の全部を何某に相続させる」趣旨の遺言書を作成することになります。このような遺言を「相続させる」旨の遺言と言っています。このような遺言を作成していますと、民法に規定する法定相続ではなく、この遺言書の内容に従って相続が発生します。

1 「相続させる」旨の遺言

民法908条は、「被相続人は、遺言で、遺産の分割の方法を定め、若しくはこれを定めることを第三者に委託し、又は相続開始の時から5年を超えない期間を定めて、遺産の分割を禁ずることができる。」と規定しています。この規定により被相続人は遺言で遺産の分割の方法を定めることができます。例えば、「不動産は、遺言者の妻何某に相続させる。その余の財産は長男何某、弐男何某、長女何某にそれぞれ3分の1の割合で相続させる。」というように遺産の分割の方法を指定することができます。

このような遺言による遺産分割の方法の指定がない場合は、法定相続人は、遺言で禁じられている場合を除き、いつでもその協議で遺産の分割をすることができます(民法907条1項)。右の例で、例えば不動産が1200万円相当、その他の資産が2400万円相当あったところ、分割方法の指定がなかったため、遺産分割の協議をすることになったとします。この場合の法定相続分は、妻が2分の1、子どもたちがそれぞれ6分の1の割合ですから(民法900条)、4人で遺産分割の協議をして不動産は妻と長男が各2分の1（各600万円相当）の共有持分の割合で相続し、他の資産は、妻1200万円、次男600万円、長女600万円を相続する、というような遺産分割の協議をすることができます。

この遺産分割は、相続人が全く自由に分割の協議をすることができるわけではなく、「遺産の分割は、遺産に属する物又は権利の種類及び性質、各相続人の年齢、職業、心身の状態及び生活の状況その他一切の事情を考慮してこれをする。」（民法906条）ことになります。そして、この規定は、「相続人の相続分に応じて、現実に遺産に属する個々の財産の帰属を定めるにつき、考慮すべき事項を定めたものであって、法律上定まった相続分を変更することを許した規定ではない。」と解されています（東京高決昭和42年1月11日家月19巻6号55ページ）。つまり、相続分の変更を前提とした規定ではなく、相続分を基準として遺産に属する個々の財産の帰属を定めることを相続人間で協議することができるとする趣旨です。遺産の分割について、共同相続人間に協議が調わないとき、又は協議をすることができないときは、各共同相続人は、その分割を家庭裁判所に請求することができます（民法907条2項）。

ご質問の趣旨は、このように相続人がお互いの協議で遺産分割をするのではなく、被相続人であるお父さんが、どのように遺産分割をすべきであるのかにつき、その内容を遺言で決めておきたいということですので、これは前述のように可能であるわけですが、この決め方としては、大きく分けて次の2つの方法が考えられます。1つは、被相続人の有する特定の遺産を特定の相続人に「相続させる」旨の遺言を個別にする方法であり、もう1つは、被相続人の有する全部の遺産を特定の相続人に「相続させる」旨の遺言を一括してする方法です。

2 特定の遺産を特定の相続人に「相続させる」旨の遺言

特定の遺産を特定の相続人に「相続させる」旨の遺言、例えば、「甲不動産は、遺言者の妻何某に、乙不動産は長男何某に、金融資産を含むその他の一切の財産は、妻何某、長男何某、弐男何某、長女何某にそれぞれ均等の割合で相続させる」趣旨の遺言は、遺言書の記載から、その趣旨が遺贈（遺言によって、遺産の全部又は一部を無償で、又は負担を付して、他に贈与すること。死者が生前にもっていた財産上の権利義務を相続人が法律の規定によって包括的に承継する相続と異なる）であることが明らかであるか、又は遺贈と解すべき特段の事情がない限り、遺産の分割の方法を定めたものであり、その場合には、その遺言において、相続による承継をその相続人の意思表示にかからせたなど特段の事情のない限り、何らの行為を要せずして、被相続人死亡の時に、直ちにその遺産はその指定された相続人により承継されるものと解されています（最判平成3年4月19日民集45巻4号477ページ）。つまり、「相続させる」旨の遺言がある場合には、当該不動産は、被相続人死亡時に直ちに当該相続人に承継され、相続人が単独で所有権移転登記手続をすることができます（最判平成7年

1月24日判時1523号81ページ)。なお、遺贈の場合は、遺言執行者又は相続人を登記義務者とし、受贈者を登記権利者とする共同申請になります。

この特定の遺産を特定の相続人に「相続させる」旨の遺言によって不動産を取得した者(受益相続人と言います)は、登記なくしてその権利を対抗できます(最判平成14年6月10日家月55巻1号77ページ)。このことを、前述の例で考えますと、不動産を相続できなかった次男の方が、遺言書を提供しないで戸籍謄本などで自分が相続人の1人であることを証明し、法定相続分どおりの共有持分により相続人全員の共同相続による相続登記をし(次男の方の単独の申請により、法定相続人全員のために各法定相続分に従った共有持分によりする相続登記は、権利の保存行為として民法252条ただし書によりすることができます。しかし遺言書の存在を隠匿してされた行為の場合、不正な登記となります)、次男の方がその共有持分である6分の1を第三者に売却し、その第三者に移転の登記をしても、受益相続人である妻(母)と長男は第三者に対してその登記の抹消登記を請求できます。ちょっと難しくなりましたが、相続財産の中に不動産が含まれている場合には大変重要なことですので、あえて説明しました。

3　全遺産を特定の相続人に「相続させる」旨の遺言

被相続人である遺言者が、「遺産の全部を、遺言者の長男何某に相続させる」旨、あるいは「遺産の全部について、いずれも遺言者の妻何某に相続させる」旨の遺言がされた場合も、特定の財産を特定の相続人に「相続させる」旨の遺言の集合体としての性質を有するものと解されます。そうしますと、この遺言の場合も遺言による遺産の分割方法の指定として、被相続人の死亡と同時に被相続人の全部の遺産が受益相続人に帰属します。つまりお父さんの相続発生と同時に、即時に遺産のすべてが受益相続人である長男の方に帰属することになります。そして、その不動産については、長男の方が単独でその遺言書、戸籍謄本などを提供して相続による被相続人名義から長男名義に移転登記を申請することができます。

4 「相続させる」旨の遺言の執行

遺言公正証書を作成する場合には、遺言者の意思を確認の上、遺言執行者を指定する場合がほとんどであると言ってよいと思います。民法1006条1項は、「遺言者は、遺言で、1人又は数人の遺言執行者を指定し、又はその指定を第三者に委託することができる。」と規定しています。この規定に基づいて遺言執行者になる人は、受益相続人であるケースもあったように思います。もちろん第三者の方を指定する場合もあります。

この遺言執行者は、相続財産の管理その他遺言の執行に必要な一切の行為をする権利義務を有しています（民法1012条）。そして、この遺言執行者がある場合には、相続人は、相続財産の処分その他遺言の執行を妨げるべき行為をすることはできません（民法1013条）。

例えば、前述したように、「全部の遺産を長男何某（甲とします）に相続させる」旨の遺言がある場合に、甲への所有権移転登記がされる前に、他の相続人である次男（乙とします）が当該不動産につき乙名義の所有権移転登記を勝手にしたため、遺言の実現が妨害される状態が実現した場合には、遺言執行者は、右所有権移転登記の抹消登記手続のほか、直接乙から甲への真正な登記名義の回復を原因とする所有権移転登記手続を請求することができます（最判平成11年12月16日民集53巻9号1989ページ）。

5 ちょっとだけ留意しておきたいこと

冒頭の事例では、そのような遺言ができるかどうかということと同時に、そのような遺言により、長男の方に帰属した権利が最終的にすべて長男の財産として確保できるのかどうかということも含まれているのではないかと思います。これは遺留分の問題です。遺留分というのは、一定の相続人にその主張があれば、法律上必ず留保されなければならない一定割合の遺産のことを言います（民法1028条）。この点は十分考えておく必要があると思います。

民法1031条は、「遺留分権利者及びその承継人は、遺留分を保全するのに必要な限度で遺贈及び前条に規定する贈与の減殺を請求することができる。」と規定しています。この規定からは、遺留分減殺の対象になるのは遺贈及び贈与と規定されていますが、遺言者の意思表示による遺産の処分という点で「相続させる」旨の遺言は遺贈と同様の性質を有しておりますので、遺留分減殺の対象になるものと解されます。

そして、遺留分権利者は、兄弟姉妹以外の相続人ですので（民法１０２８条）、前述の事例で考えますと、遺言者の妻、そして遺言者の子である次男と長女の方々は遺留分権利者になります。

遺留分の割合は、法定相続分の2分の1になりますので、遺言者の妻は4分の1、次男と長女の方々はそれぞれ各12分の1ということになります。

遺留分の権利を行使するかどうかは遺留分権利者が自由に判断することになりますが、減殺請求権の行使には期間の制限があります（民法１０４２条）。遺留分権利者が相続の開始及び減殺すべき贈与又は遺贈（「相続させる」旨の遺言）があったことを知った時から1年間行使しないときは、時効によって消滅し、相続開始の時から10年を経過したときも、同様に消滅します。ただ、10年の期間は除斥期間と解されています。除斥期間というのは一定の期間内に権利を行使しないとその期間の経過によって権利が消滅する場合のその「期間」のことを言います。民法の条文上は、除斥期間という用語は使用されていないので、どのような場合を除斥期間とみるべきかについては、権利の性質や法律関係の実質を考慮して判断することになりますが、法律の規定によってその権利を消滅させるわけですから、長期にわたる権利不行使の状態の継続が重要であるということになります。このように、除斥期間は消滅時効と異なり、中断や援用がなく、法律上定められている期間の経過によって権利を消滅させる制度です。１つの権利について長期と短期の期間が規定されている場合には、長いほうの期間は除斥期間と解される場合が多いと言えます。時効は、一定の事実状態が法定期間継続した場合に、その事実状態が真実の権利関係に合致するかどうかを問わないで、権利の取得や消滅という法律効果を認める制度のことを言いますが、減殺の請求権については、遺留分権利者が、相続の開始及び減殺すべき贈与又は遺贈があったことを知った時から1年間行使しないときは、時効によって消滅すると規定しています（民法１０４２条）。

なお、遺留分の放棄については、相続の開始前における遺留分の放棄は、家庭裁判所の許可を受けたときに限り、その効力を生ずることになります（民法１０４３条）。

＊

遺産を分散させないで特定の相続人に多くの財産を相続させたいというお気持ちはよく理解できます。民法の規定する遺言制度はそういう方々も含め、いろいろな方々の人生最後の愛と感謝のメッセージとしての最終意思を尊重する制度です。遺言を公正証書で作成されて、その意思を正確に相続人に伝えようというお気持ちは本当に大切であると思います。そういうお気持ちを確実に実現するために、公正証書の果たす役割の重さと大切さをひしひしと感じます。

例えば、結婚した娘さんが、「お父さん、もう私ね、不動産はいいのよ、結婚した先にあるし。不動産はお兄ちゃんにあげてよ。くれるんだったらお金ちょうだい」「ああ、そうか。お前、不動産いらないのか。それじゃ、お父さんは金融資産は少ないから、この土地を処分して、その換価代金から必要経費を差し引いて、その残額のすべてをお前にやるよ」という趣旨の遺言をすることがありますが、このような趣旨の遺言を清算型遺言と言います。

結婚した娘に、不動産ではなくお金をという趣旨の公正証書遺言を作成したいのですが。

もちろん、清算型遺言は、公正証書で作成することができます。清算型遺言を作成する場合としては、次のようなケースが考えられますので、まず、そのそれぞれのケースについて説明したいと思います。

1つ目は、数人の相続人のうちの1人に、特定不動産を換価し、その換価代金の中から換価に必要な経費を差し引いてその残額をすべて相続させる旨の清算型遺言をするケースです。2つ目は、相続人が1人の場合に全財産を換価し、その換価代金の中から換価に必要な経費を差し引いてその残額をすべてその単独の相続人に相続させる旨の清算型遺言をするケースです。3つ目は、相続人が存在しない場合に相続人以外の特定の人に、特定不動産を換価し、その換価代金から換価に必要な経費を差し引き、残りの全財産を特定の人に遺贈する旨の清算型遺言をするケースです。4つ目は、やはり相続人が存在しない場合に、被相続人の全財産（不動産は換価し、その換価代金から換価に必要な経費を差し引いた残額）を特定の人に包括して遺贈する旨の清算型遺言をするケースです。

1　数人の相続人のうちの1人のためにする清算型遺言

このケースは、冒頭に述べた親子のケースに該当しますが、遺言者であるお父さんが亡くなり、遺言の効力が発生してから、遺言書に記載されている不動産の買い主を求め、その買い主が確定すれば、遺言執行者と買い主が売買契約を結び、その契約書により被相続人名義から買い主名義への売買による移転登記をします。

ただ、お父さんが亡くなってからその不動産の買い主が確定するまでの時間が長期になることが考えられます。その間、不動産の登記名義人を亡くなったお父さんの名義のままにしておいてよいかという問題があります。法律的には、お父さんが亡くなった時に、同時にその不動産についての権利はお父さんから相続人全員にその法定相続分により直ちに承継されます。そうなりますと、不動産の名義をお父さんの名義のままにしておくことは、法律的には真実の権利者を公示していないということになります。そこで、不動産の登記上の名義は、お父さんの死亡後速やかに全相続人名義に法定相続分により移転登記をしておく必要があります。この相続による移転登記の申請は、遺言執行者が指定されていれば（遺言公正証書の場合は、遺言者の意思を確認した上、遺言執行者を指定している場合がほとんどです）、遺言執行者がその登記申請をします（昭和45年10月5日民甲4160号法務省民事局長回答、昭和52年2月4日民3第773号法務省民事局第3課長回答）。遺言執行者が指定されていない場合は、相続人が相続による移転登記の申請をすることになります。

そして、その後、当該不動産の買い主が確定した場合には、遺言執行者（相続人の代理人）と買い主との共同申請で、相続人名義から買い主名義への売買などを原因とする所有権移転登記を申請することになります。

2　相続人が1人である場合の清算型遺言

2つ目のケースは、相続人が1人しかいない場合です。この場合は、遺言がなくても被相続人の財産のすべてがその1人の相続人に承継されますので、その相続人に相続をさせたくない場合とか、相続人の希望ですべての財産を金銭にして相続させたい場合などに遺言書を作成することが考えられます。

私は、後者のケースの場合に公正証書遺言書を作成した記憶があるのですが、遺言執行者が被相続人の所有する全不動産を処分し、その換価代金から換価に必要な経費を差し引き、その残金の全額と被相続人が所持する金融資産（現金・預貯金・株式など）のすべてを結婚した娘に相続させる趣旨の遺言でした。

この場合は、1つ目のケースと同じように、遺言執行者がお父さん名義の不動産の買い主を探して特定し、遺言執行者が相続人の代理人としてその買い主と売買契約を締結し、遺言執行者と買い主の共同申請により移転登記をすることになります。

ただ、買い主を確定するまでには一定の期間を必要とするのが通常ですので、その間の登記名義は、亡くなったお父さんの名義から相続人名義に移転登記をしておくというのが登記実務の取扱いであることは前述のとおりです。

3 相続人がいない場合の清算型遺言

(1) まず1つ目のケースは、例えば、被相続人の有する財産のうち、特定の不動産を換価し、その換価に必要な経費を差し引き、その残額を特定の人に（例えば、大変世話になりいろいろと負担をかけた人など個人を特定して）遺贈する趣旨の遺言がなされていたような場合です。これは特定遺贈型清算遺言です。

私が経験した事案の場合は、残りの財産をどうするかは決めていないが、お世話になった人（特定の人）には、とりあえず遺言書を書いて自分の気持ちを公正証書で明らかにしておきたいということだったと記憶しております。そのお世話になった人は、不動産はある人なのでお金でお礼をしたいということでした。

もちろん、こういう趣旨の清算型遺言を公正証書で作成することは可能であり、遺言の効力が発生した時（遺言者が死亡した時）に遺言執行者が遺言の内容の執行手続に入りますが、やはり不動産を買ってくれる人を探すのに一定の期間がかかる場合が多いと思われます。その間、被相続人名義の不動産の登記名義はどうなるのでしょうか。相続人がいる場合は、相続人名義に相続による移転登記をするという取扱いであることはすでに説明しましたが、このケースの場合は相続人が存在しない場合ですので、そのまま被相続人名義にしておくのでしょうか。

民法951条は、「相続人のあることが明らかでないときは、相続財産は、法人とする。」（つまり、相続人がいないときは、特段の手続を要せず、即相続財産法人になります）と規定しています。ということは、相続財産は相続の発生と同時に相続財産法人に帰属することになります。そこで、「年月日（被相続人死亡の日）相続人不存在」を原因として相続財産法人名義に登記名義人氏名変更の登記をします（平成21年2月20日法務省民2第500号民事局長通達第1、2、①、（7）193）。そして当該不動産の買い主が確定しましたら、遺言執行者と買い主の共同申請により相続財産法人名義から買い主の名義に移転登記をします。

(2) それから、2つ目のケースは、例えば、「被相続人の有する全財産（不動産については、その不動産を売却し、その売却に必要な経費を差し引いた残りの全財産）を遺言者の生涯の友である何某に包括して（全財産を全体としてまとめて）遺贈する」趣旨の遺言がなされていたような場合です。

これは全部包括遺贈型清算遺言です。

このような趣旨の遺言についても公正証書で作成することができます。この場合も遺言としての趣旨は明確であり、特に問題はないと考えられるのですが、不動産については若干留意すべきことがあります。このケースの場合も、遺言が効力を発生した後に、遺言執行者が不動産の買い主を探すことになる場合が多いと考えられますので、買い主が確定するまでに一定の期間を必要とする場合があります。その間、被相続人名義の不動産の登記名義をどうするかということが問題となります。前述したように、その間は相続財産法人名義にしておけばよいのかどうかです。

この点に関し、最高裁判例（平成9年9月12日民集51巻8号3887ページ）は、「遺言者に相続人は存在しないが相続財産全部の包括受遺者が存在する場合は、民法951条にいう、『相続人のあることが明らかでないとき』には当たらない。」としています。包括受遺者は、相続人と同一の権利義務を有します（民法990条）から、包括受遺者がいる場合には、相続人がいる場合と同じように解することができるからです。

ただ、この最高裁判例は、全部包括遺贈の場合ですが清算型ではないケースですので、遺言の効力と同時に、被相続人の全財産は即時に受遺者に帰属します。その結果、相続財産法人に相続財産を帰属させる余地はない場合の判例です。だから、この場合は、「相続人のあることが明らかでないとき」に当たらないとして、相続財産法人の成立を認めなかったと考えられます。そうしますと、全部包括遺贈型清算遺言の場合とは若干事案が異なる要素が出てきます。この清算型遺言の場合は、被相続人が死亡し、同時に遺言の効力が発生する点は同じですが、当該不動産の買い主は、これから探す必要がある場合ですから、直ちには不動産の権利の帰属者が確定していない場合が多いので、この点が先の平成9年9月12日の最高裁判例の事案と異なるわけです。

このように全部包括遺贈型清算遺言の場合の登記手続については、登記手続の面では若干疑問となる点があるのです。おそらく登記実務は、清算期間中の当該不動産の権利の帰属主体として相続財産法人の成立を認めるという考え方を採用するのではないかと考えられますが、私の承知している限りでは、この点は明確になっていません。

この点に関する私の個人的な見解としては、清算型遺言の場合については、このケースに限らず、どのケースの場合も、被相続人名義から直接買い主名義への売買などによる移転登記を認める必要があるのではないかと考えています。遺言執行者（被相続人に代わって）と買い主である第三者が共同で登記申請をするわけです。こういう処理をすることが遺言者の意思に合致すると考えられますし、形式的に相続人名義に登記名義を移すことにはそれほど意味があるとは考えられないからです。確かに法律的には、清算中は相続人又は相続財産法人に権利は帰属しますが、これは必ずしも遺言者の意思表示に基づくものではなく、むしろ遺言者は自分名義から買い主である第三者名義に権利を移転する意思があるわけですから、所有者の意思に基づく物権変動ということになれば、遺言者から買い主である第三者に移転登記をするのが個人的には相当であると考えています。

*

お尋ねいただいた清算型遺言は、数としてはそんなに多くはありません。しかし、いろいろなケースで作成されることがありますので、この機会に、関連する内容のものも説明しました。

そしてまた、この清算型遺言の場合は、登記手続にも特色がありますので、その点も説明しました。登記手続面の説明が多く出てきましたので、分かりにくい点があったのではないかと危惧しておりますが、実際には大変重要なことですので、私見まで含めて説明しました。参考にしていただければと思う次第です。

子どもたちに全財産を相続させ、協議で財産を分けることとする遺言公正証書を作成したいのですが。

なかなか難しいご質問ですが、ご質問の内容をもうちょっと詳しく推察してみますと、奥様については、すでに財産分けをしているか、あるいはもともと奥様は財産をもっておられるため生活の心配はないなどの事情により、あるいは逆に、すでに亡くなられているか、何らかの事由で奥様とは別居している、あるいは同居しているが全く気持ちが離れていて財産を残す気持ちにはなれないなどの事情により、子どもたち（仮に3人とします）だけに財産を残してやりたいと考えている、ただ、3人の子どもにどのように財産を分けるかについては、子どもたちの気持ちや生活状況などの違いもあるので、父親だけの考えで決めるのがよいのか迷いがある、そこで、財産の分け方についてはむしろ子どもたちの考えに任せたほうがよいのではないかというお考えから、そうすることが法律的に問題がないかどうかを質問されているのではないかと思います。ご質問されている趣旨とそのお気持ちは本当によく分かります。結論としては、そういう内容の「相続させる」旨の遺言公正証書を作成することはできます。

なお、関連する事案として、子ども側の状況にも事情の違いがあって、3人のうちの2人にのみ全財産を相続させ、2人の間での協議で財産分けをするという場合にも、遺言公正証書を作成できるのかということも疑問になることがあるかもしれませんので、このことも付け加えて説明します。

1 「相続させる」旨の遺言の内容

「相続させる」旨の遺言については、記述しました（本誌45ページ以下）が、再度簡単に述べますと、民法908条は、「被相続人は、遺言で、遺産の分割の方法を定め、若しくはこれを定めることを第三者に委託し、又は相続開始の時から5年を超えない期間を定めて、遺産の分割を禁ずることができる。」と規定していますので、この規定により被相続人は遺言で遺産の分割の方法を定めることができます。この趣旨の遺言のことを「相続させる」旨の遺言と言います。例えば、「不動産は、遺言者の妻何某に相続させ、その余の財産は、長男何某、弐男何某、長女何某にそれぞれ3分の1の割合で相続させる。」というように遺産の分割の方法を指定する遺言のことです。

ご質問の遺言は、前述した一般的な「相続させる」旨の遺言とは、2つの点で異なっています。

1つ目は、財産を相続する人が相続人全員ではなく、その一部の相続人であるということです。2つ目は、相続財産の分け方を遺言者が指定するのではなく、その指定を相続人である子どもたちに任せているということです。

2 一部の相続人に対してする「相続させる」旨の遺言の可否

「相続させる」旨の遺言は、遺産分割の方法を遺言で指定することですが、もともとこの遺産分割は相続財産が共同相続人全員の共有となっている場合に、これを各相続人の相続分に応じて分割し、各相続人の単独財産とすることを意味します。ただ、協議による遺産分割の場合には、共同相続人全員の合意があれば、法定相続分の割合によらない分割も有効であるとされています。この場合は、実質的には共同相続人間で贈与があったと解することができるからです。

それでは「相続させる」旨の遺言による遺産の分割の方法の指定の場合はどうでしょうか。遺言分割の方法としては、現物を各共同相続人に割り付ける現物分割の方法、競売や任意の売却によって得た換価代金を分配する換価分割の方法、一部の相続人が現物を取得し他の相続人に対して相続分に応じた債務を負担する代償分割の方法、遺産中の個々の財産を特定の共同相続人に割り付ける方法（最判平成3年4月19日民集45巻4号477ページ）などがありますが、「相続させる」旨の遺言により以上のような遺産の分割の方法の指定ができると解されています。

したがいまして、「相続させる」旨の遺言により共同相続人のうちの特定の相続人に相続財産中の特定の財産（又は全財産）を割り付けることが可能であるということになります。そうなりますと、ご質問の1つ目の問題である、相続人のうち妻を除く一部の相続人に対して「相続させる」旨の遺言をすることは可能であるということになります。

3　遺言による遺産の分割の方法の指定として、受益相続人が協議で分割方法を指定することの可否

「相続させる」旨の遺言は、一般的には、遺言者が相続財産中の個々の財産を特定の共同相続人に

割り付ける内容のものが多いのですが、ご質問のように相続財産中の個々の財産の割り付けを受益相続人（相続財産の割り付けを受ける相続人）が協議で決める方法を指定される場合もあります。こういう方法も可能であると解されます。

ただ、この場合は、受益相続人が個々の相続財産の権利を取得するのは遺言者の死亡の時ではなくて受益相続人間の遺言分割の協議が成立した時ということになり、その効力が遺言者の死亡の時に遡ることになります（民法９０９条）。この点は、遺言者が個々の相続財産を受益相続人に割り付ける一般的な「相続させる」旨の遺言の場合とは異なります。一般的な「相続させる」旨の遺言の場合は、「遺言者が相続財産について、民法９０８条に定める遺産の分割方法の指定をする遺言であり、当該遺言は被相続人の死亡時にただちに当該相続人に相続により承継されるものと解すべきである」（前掲最判平成3年4月19日）のです。したがって、一般的な「相続させる」旨の遺言の場合は、遺言者の死亡と同時に相続財産（遺産）が遺言者から受益相続人にただちに移転することになります。

なお、ご質問の場合、遺言者であるお父さんの全財産というのは、個々の財産の集合体と解することができますので、全財産についての「相続させる」旨の遺言も特定の財産についての「相続させる」旨の遺言の場合と同様に解することができます。

また、ご質問のケースは、子どもたち全員に遺言者の全財産を相続させる場合についてのものですが、例えば、3人の子どもたちのうちの2人だけについて相続させたいというような場合も考えられなくはありません。すでに生前に自宅の新築資金として前渡ししている子どもがいるとか、結婚のときに一定の財産を前渡ししてあるといった事情などにより、遺言ではそういったことをしてやっていない2人の子どもに遺言者の全財産を相続させたいというような場合です。この場合も、子どもたち全員に相続させるという場合と基本的には異ならないのですが、遺産の分割の方法の指定については子どもたち2人で協議して決めることといった内容の指定になると考えられますので、この場合は2人で遺産分割の協議をして決めることになります。

4 相続財産の中に不動産がある場合の登記手続

相続財産としては、土地・建物などの不動産、預貯金・株式・社債・国債・現金などの種々の財産が考えられますが、不動産の権利の移転登記手続に若干の特色があります。

判例は、遺産分割による不動産の権利の取得については、民法177条（不動産に関する対抗要件）の適用があり、したがって、遺産分割によって相続分と異なる権利を相続財産中の不動産について取得した相続人は、その旨の登記をしなければ、分割後に当該不動産につき権利を取得した第三者に対抗できないとしています（最判昭和46年1月26日民集25巻1号90ページ）。しかし一方では、遺産の分割の指定である「相続させる」旨の遺言によって取得した不動産の権利については、登記なくして第三者に対抗できるとしています（最判平成14年6月10日家月55巻1号77ページ）。

しかし、いずれにしましても受益相続人の権利の保全を図るためには、対抗要件であるか否かにかかわらず、できるだけ早く登記をしておくことが望ましいと思います。この手続きは、財産を取得した受益相続人が単独で相続による所有権移転登記の申請をすることができます。この申請の場合に必要な書類としては、遺言者が亡くなったことを証明する戸籍の謄抄本と遺言書、住民票などが必要ですが、ご質問の場合には、子どもたちの遺産分割の協議書と印鑑証明書、住民票が必要です。なお、遺産分割の協議書を公正証書で作成している場合は印鑑証明書の提出は必要ありません。そのほか、登録免許税が必要になります。詳しくは事前に法務局などに確認されることをお勧めします。そのほかの財産については、関係する銀行などの会社、税金については税務署、あるいはそのほかの法律的なことについては公正証書を作成された公証役場で事前に相談されるのも良い方法ではないかと思います。

＊

ご質問のケースは、遺言されるお父さんが、相続財産について、子どもたちのうち、どの財産をどの子に相続させるかということについて指定しないで、それは子どもたちで相談して決めなさいというう、子どもさん方の考え方を尊重し、それぞれの立場・事情などを十分配慮してやろうという暖かい思いやりと親心を感じさせてくれるような相談でした。子どもさん方が、このお父さんの気持ちをく

んで、お互いに譲り合う気持ちを大切にして円満に分割協議が整うことになれば本当にいいのにな
あ！　と願わずにはいられないない気持ちです。

相談者（27歳）には弟（23歳）と妹（21歳）がいるということですが、父の遺言がなかったので、父の遺産の相続について3人で相談した結果、父の遺産をどう分けるかということについて、やっと合意ができ、父名義の不動産は全部相談者が相続し、金融資産などその他一切の財産は、弟と妹が均等の割合で相続することにしたので、これを明確に記録し、今後父の相続について争いが起きることのないように、合意した内容を公正証書にしておきたいという相談です。このような合意内容を公正証書にしておくことは大変有意義であり、大切なことであると思います。

遺産の分け方についてやっと合意ができたのですが、公正証書で作成できますか。

1　共同相続

相続というのは、亡くなった人が生前に有していた財産上の権利義務を相続人が包括的に承継することを言います。そして、亡くなられた方を被相続人、承継する人を相続人、承継される財産を相続財産と言います。ご相談のケースは、母はすでに他界しており、相続人は相談者とその弟、妹の3人ということですので、同順位の相続人として、3人が均等の割合で共同して相続人になります（民法900条4号）。これを共同相続と言います。そして各相続人の相続分に応じて分割し、相続財産を各相続人の財産とすることを遺産分割と言います。

2 遺産分割の効果

遺産分割の方法には、ご相談のケースのように共同相続人の協議による場合のほか、被相続人の遺言による場合、家庭裁判所の審判による場合があります。この遺産分割の効果は相続開始の時に遡ります（民法９０９条）。

ご相談のケースは、相続人３人の話合い（協議）により、前記のような内容の合意が成立していますので、まさに相続人３人による遺産分割の協議が整ったことになります。そして、この遺産分割の効果は相続開始の時に遡りますが、この点に関して、特に不動産を取得する相談者の方は、次のような判例に留意する必要があります。

「遺産分割による相続財産中の不動産に対する共有持分（ご相談のケースは単独所有権）の得喪・変更には民法１７７条の適用があり、遺産分割により相続分と異なる権利を取得した相続人（このケースの相談者）は、その旨の登記を経なければ分割後に当該不動産につき権利を取得した第三者に対抗することができない。」旨判示（最判昭和46年1月26日民集25巻1号90ページ）していますので、できるだけ早く被相続人名義から相談者名義への相続登記をしておくのがよいように思います。

また、相続不動産については、次のような判例にも留意しておくとよいのではないかと思います。

「遺産は、相続人が数人あるときは、相続開始から遺産分割までの間、共同相続人の共有に属するものであるから、この間に遺産である賃貸不動産を使用管理した結果生ずる金銭債権たる賃料債権は、遺産とは別個の財産というべきであって、各共同相続人がその相続分に応じて分割単独債権として確定的に取得し、後にされた遺産分割の影響を受けない。」旨判示（最判平成17年9月8日民集59巻7号1931ページ）していますので、ご相談のようなケースで、賃貸不動産が含まれる場合には、相続開始から遺産分割までの間の賃料は、遺産分割の対象にならず、その間の賃料は3人の相続人の共有になるというのが判例の考え方です。

3　遺産分割の内容

(1)　遺産分割の協議

民法906条は、「遺産の分割は、遺産に属する物又は権利の種類及び性質、各相続人の年齢、職業、心身の状態及び生活の状況その他一切の事情を考慮してこれをする。」と規定しています。ただ、この規定は、「相続人の相続分に応じ、現実に遺産に属する個々の財産の帰属を定めるにつき、考慮すべき事項を定めたものであって、法律上定まった相続分を変更することを許した規定ではない。」（東京高決昭和42年1月11日家月19巻6号55ページ）と解されていますが、このように、遺言で禁じた場合のほかは（民法908条）、各共同相続人はいつでも自由に遺産の分割をすることができます。相続人のうちの1人でも遺産分割を望めば他の共同相続人に遺産分割の協議を求め、協議に応じないときは、最終的には家庭裁判所の審判によって遺産分割を実行することができます。遺産分割をしないまま、共同相続人が死亡したときは、死亡した相続人の相続人が遺産分割に参加し、また遺産分割の審判を申し立てることができます。共同相続人の1人が他の共同相続人に対して有する遺産分割請求権は物権的請求権であると言われ、消滅時効にかかりません。したがいまして、相続開始後何年たっても遺産分割の協議又は審判をすることができます。遺産分割の協議には、共同相続人の全員が参加する必要があり、1人の不参加者があっても協議は無効となります。

なお、この遺産分割協議は代理人によってすることもできますが、民法108条による双方代理禁止の規定が適用されますので、1人の代理人は1人の相続人のみを代理することができ、数人の相続人の代理人となることはできません。遺産分割協議の公正証書を作成する場合も、相続人ごとに各別の代理人を選任する必要があります。

相続人中に未成年者など制限能力者がいる場合は、法定代理人（親権者又は後見人）が協議に参加します。もし、法定代理人も相続人の1人であるとき（例えば、夫の死亡によりその妻と幼い子が相続人となるような場合）は、利益が相反することになりますので、制限能力者のための特別代理人の選任を必要とし、特別代理人（幼い子が2人いる場合は、それぞれの子ごとの特別代理人）が協議に参加します（民法826条、860条）。ただし、後見監督人がいるときはその後見監督人が参加することができますので、特別代理人を選任しなくてもよい場合もあります。

遺産に対して権利を有する者（抵当権者等）、及び相続人の債権者は、自己の費用をもって遺産分割協議に参加できます（民法260条1項）。相続人はこれらの利害関係人に協議参加を通知する義務はないのですが、利害関係人の参加請求を無視して分割協議をした場合は、その分割をもって参加請求をした利害関係人に対抗できません（民法260条2項）。利害関係人は参加して意見を陳述（述べる）できますが、その意見が反映されない場合でもその分割協議が無効となるわけではありません。ご相談のケースでは利害関係人がいるかどうかわかりませんが、参考までにということで説明しました。

(2) 遺産分割の留意点

① 法定相続分と異なる遺産分割の協議

遺産分割の協議は、それが共同相続人の自由な意思に基づくものである限り、法定相続分と異なる遺産分割協議であっても有効です。ご相談のケースも、3人の法定相続人の協議による自由な意思の合致によるものと考えられますので、有効な遺産分割協議であると考えられます。

なお、ご相談のケースとは内容が異なるのですが、例えば、相続分がゼロの相続人があっても、その分割協議は有効であると解されます。相続分がゼロということは、積極財産の相続分がゼロということであり、相続放棄とは異なります。相続放棄をした相続人（遺産分割協議に加わることはできない）は被相続人の債務も承継しないのですが、分割協議に参加し、何も取得しなかった相続人でも被相続人の債務は相続分に応じて承継負担します。法務省先例に、相続財産の分配を受けない者がある遺産分割協議書を提出して申請した相続登記の受否に関し、「共同相続人中相続財産の分割を受けない旨の意思は、消極財産をも承継しない旨の相続放棄と限定して解釈すべきではないから、受理してさしつかえないものと考える。」とした通達があります（昭和32年4月4日民事甲689号法務省民事局長通達）。

② 相続債務の分割

ご相談のケースの場合に、相続財産の中に消極財産、つまり相続債務が含まれていた場合にはその相続債務は遺産分割の対象にならず、法定相続分どおりに承継されます。この場合に債務の分割を認めるとしますと、その実質は債務の引受けであると考えられます。例えば、相続人A・Bが各2分の1ずつの割合で相続した債務について、遺産の分割によってAのみが債務者になるとすれば、これはBの2分の1の債務をAに移転させることであり、これは法律的には債務の引受けになります。この債務引受けが有効に成立するためには、債権者の承諾が必要ですが、遺産分割協議には債権者の参加を必須の要件としていませんので、債務は遺産分割にはなじまないと考えられているのです。

③ 相続財産の処分

この点については、次の判例が参考になります。

(i)「相続人のうちのある者が遺産分割前に勝手に相続財産を処分したときは、その財産に代わり同人に対する代償請求権が相続財産に属することになり、これが分割の対象となる。」（東京高決昭和39年10月21日高民17巻6号445ページ）としています。

(ii)「共同相続人が全員の合意によって遺産分割前に遺産を構成する特定不動産を第三者に売却したときは、その不動産は遺産分割の対象から逸出し、各相続人は第三者に対し持分に応じた代金債権を取得する。」（最判昭和52年9月19日家月30巻2号110ページ）としています。

(iii) 遺産分割は相続開始の時に遡って効力を生じます（民法909条）。ただし、この遡及効は第三者の権利を害することはできません（民法909条ただし書）。

したがいまして、分割の合意が成立する前に相続人の1人から相続不動産の共有持分権を譲り受けてその登記をした第三者がいるような場合は、その持分譲渡の効力は失われないことになりますが、ご相談のケースにおいては、まだ被相続人名義のままであるということですので、この問題は発生しません。そして、被相続人名義の不動産については、共同相続人が共同相続登記を経ることなく遺産分割をしたときは、その相続財産取得者（ご相談のケースでは、不動産を取得することになる相談者）は、共同相続登記をすることなく、登記原因を相続として直接（相談者の）単有名義とする所有権移転登記の申請を単独ですることができます。

4 遺産分割公正証書

公正証書は法律の専門家である公証人が依頼者から詳しく事情を聞き、資料を確認し、内容を法律的に整序して証書を作成しますので、公の文書としての証明力があります。

また、公正証書は、その原本が公証役場に保管されますので、偽造・変造などはできず、安心性と安全性があります。そのため、後日の紛争を予防するという観点から遺産分割協議書の作成に公正証書が活用されています。私も公証人をしていた時代に多くの遺産分割公正証書を作成しました。遺産分割協議書を公正証書で作成しますと、その協議書による当該不動産の相続による登記申請には印鑑証明書の提供が省略できるといった実務的なメリットもあります。

＊

遺産分割協議書を公正証書で作成しておきたいというニーズは最近増加しているようです。やっとの思いで合意した内容が当事者のちょっとした思い違いや失念などのために新たな紛争になるといったことが生じないとは限りません。後日の紛争の発生がないようにしたいという思いはその場に臨んだ誰もが感じることではないでしょうか。

そうなりますと、やはり公正証書の活用ということが考えられると思いますが、その有用性は大変大きいものがあります。そのことは本文で説明しましたが、作成費用など、より具体的なことについて確認をしたいという場合には、相談料はかかりませんので、近くの公証役場に連絡して相談されるのがよいのではないかと思います。

相談者の方は、家業を継いでいる次男にお墓を承継させたいが、長男も近くに住んでいるので、長男にお墓を承継させなければならないのかどうかを心配されているようです。そこで、法律的にはどうなっているのかというご質問です。

家業を継いでいる次男に、お墓を承継させたいのですが。

1　祭祀財産とは

お墓のことを祭祀（さいし）財産と言いますが、この祭祀財産というのは、系譜（家系図）、祭具（位牌（いはい）・仏壇）、墳墓（墓石・墓碑）など、祖先の祭祀のために使用される用具のことを言います。

2　祭祀財産の承継

民法897条は、その1項で、「系譜、祭具及び墳墓の所有権は、前条の規定（相続人は、相続開始の時から、被相続人の財産に属した一切の権利義務を承継する）にかかわらず、慣習に従って祖先の祭祀を主宰すべき者が承継する。ただし、被相続人の指定に従って祖先の祭祀を主宰すべき者があるときは、その者が承継する。」と規定し、その2項では「前項本文の場合において慣習が明らかでないときは、同項の権利を承継すべき者は、家庭裁判所が定める。」と規定し、祭祀財産を相続財産から外して、一般の相続とは異なる方法によりその承継者を定めることとしています。

この民法８９７条の規定は、昭和22年（１９４７年）に家督相続が廃止され、個人の尊厳と両性の本質的平等を基本とした平等相続制が採用された際、なお残存する家観念への妥協として、祭祀に関して特則が定められたものと考えられています。

３　指定による祭祀財産の承継

系譜・祭具・墳墓などの祖先の祭祀に必要な用具の所有権は、一般の財産から切り離して、祖先の祭祀を主宰する者が承継するのですが、この祖先の祭祀を主宰する者は、第１に被相続人の指定により決まります。この指定は生前行為あるいは遺言などによってされます。生前行為による場合には、被相続人の意思が外部から判断できる限り、口頭あるいは書面、明示あるいは黙示のいずれであっても差し支えないとされています。

このように被相続人が祭祀の主宰者を指定する方式については、特に制限はないのですが、遺言によって指定される場合も多いと思われます。私も公証人をしていたときに、祭祀の主宰者を指定する公正証書遺言の作成を依頼され、その遺言書を作成しました。例えば、「第○条、遺言者は、祖先の祭祀を主宰すべき者として、遺言者の何男何某（年月日生）を指定する。」といった文例で作成しました。指定を受ける人（被指定者）の資格についても格別の制限はなく、必ずしも被相続人の相続人あるいは親族である必要はありませんし、同氏である必要もありません。また、祭祀の主宰者は通常1名ですが、特別の事情がある場合には複数の人を指定することも可能です（例えば、被相続人の養女が墳墓・墓地を、被相続人の甥が系譜・祭具を分割承継した例として、東京家審昭和42年10月12日家月20巻6号55ページ）。

被指定者は、指定によって法律上当然に祭祀の主宰者になり、辞退することはできないと解されていますので、指定に当たっては被指定者の事前了解を得ておくといったことも配慮しておくことが肝要です。

また、祭祀を主宰するためには、それなりの費用や手間がかかりますが、その費用は遺産分割の際に当然には処分されることにはなっていません（系譜、祭具及び墳墓の所有権は、共同相続の対象となっていないので、遺産分割の対象となっておらず、祖先の祭祀を主宰すべき者に承継される）ので、遺言で祭祀の主宰者を指定する場合には、遺言の中でその費用などについても何らかの配慮をしておくことが望ましいと思われます。

なお、近時、葬儀方法などについて遺言書の中で具体的に決めておきたいと考える人が増加しているようですが、その記載はあくまでも遺言者の希望にとどまり、祭祀の主宰者がその希望を入れればともかくとして、法的拘束力をもつものではありません。生前に関係者に対して自分の意志や希望を明確に伝えて、それを尊重してくれるよう依頼しておくといったことも重要であると思われます。

4 慣習による祭祀財産の承継

この場合の慣習というのは、その地方の慣習、あるいは被相続人の出身地や属している職業などにみられる慣習のことを言います。しかし、慣習の存在が認定される例は少ないと言われ、仮に当事者が慣習の存在を主張しても、新民法施行後に新たに育成された慣習ではなく、家制度的な慣習の場合には、社会慣習の成立を認めるに足りる資料がないとして、家庭裁判所が祭祀主宰者を別に定める場合もあるようです（例えば、相続人ではなく内縁の妻を祭祀の主宰者に定めた大阪高決昭和24年10月29日家月2巻2号15ページなど）。

5 家庭裁判所の指定による祭祀財産の承継

家庭裁判所による祭祀財産承継者の指定の場合は、一般的には、被相続人との血縁関係、親族関係、共同生活関係、祭祀承継の意思及び能力、職業、生活状況その他一切の事情を考慮するとされています。その指定は、相続人その他の利害関係人の申立てによる調停や審判の手続によってなされます。申立ては相手方を定めてするのが原則ですが、長い年月の経過により相手方とすべき者が不明である場合には、相手方を指定しないで申立てをすることができます（松江家審平成24年4月3日家月64巻12号34ページ）。

申立てを受理した家庭裁判所は、被相続人の指定による祭祀の主宰者の不存在と祭祀主宰者に関する慣習の不存在とを確認した後、自らの判断により承継者を指定します。

家庭裁判所が承継者を指定する場合の判断基準としては、判例は、「承継候補者と被相続人との間の身分関係や事実上の生活関係、承継候補者と祭具等との間の場所的関係、祭具等の取得の目的や管理等の経緯、承継候補者の祭祀主宰の意思や能力、その他一切の事情を総合して判断すべきであるが、祖先の祭祀は今日もはや義務ではなく、死者に対する慕情、愛情、感謝の気持ちといった心情により行われるものであるから、被相続人と緊密な生活関係・親和関係にあって、被相続人に対しそのような心情を最も強く持ち、他方、被相続人からみれば、同人が生存していたのであれば、おそらく指定したであろう者をその承継者と定めるのが相当である」（東京高決平成18年4月19日判タ１２３９巻２８９ページ、東京家審昭和46年3月8日家月24巻1号55ページ）としています。

具体的な審判例には、長男であるかどうか、同じ氏であるかどうか、親族であるかどうかなどは問われていないことが多く、むしろ生活関係の緊密さ、墓地を管理してきた事実などが重視されています。祭祀承継を希望する者が成年後見開始の審判を受けている場合には、成年後見人が成年被後見人を代理して祭祀財産の承継者の指定申立てをすることができます（東京家審平成21年8月14日家月62巻3号78ページ）。

被指定者は、被相続人の死亡時に遡って法律上当然に祭祀財産の所有権を取得し、祭祀の主宰者になります。祭祀財産である墳墓に埋葬された祖先の遺体・遺骨については、判例は、慣習にしたがって祭祀を主宰すべきものに帰属するとしています（最判平成元年7月18日家月41巻10号128ページ）。なお、祭祀財産は、相続分や遺留分の算定に際して、相続財産の中に算入されません。また、相続を放棄しても、祭祀財産を承継することは差し支えなく、限定承認（相続人が相続によって得た財産を責任の限度として被相続人の債務及び遺贈の義務を負担することを留保した上で、その相続を承認すること）をした相続人が同時に祭祀財産を承継したとしても、それは相続によって得た財産（責任財産）ではありませんから、その財産から除外されます。

6　墓地の承継と登記手続

墓地の継承も祭祀財産の承継であると考えられますが、この場合は不動産である土地の承継になりますので、登記手続が関係してきます。この場合の登記申請は、その登記原因及び日付を「平成○年○月○日（被相続人死亡の日）民法897条による承継」とし、祭祀に関する権利を承継する人を登記権利者、相続人全員又は遺言執行者を登記義務者として共同申請するのが一般的です。

*

今まで説明してきたとおり、お墓などの祭祀財産は、法律的に長男が承継することになっているわけではありません。被相続人の指定によって決めることができますので、もし、家業の承継者である次男の方を指定しておきたいということであれば、相談者の方があらかじめ遺言などで指定しておく方法が考えられます。

もっとも、指定がなくても、家庭裁判所は長男であるかどうかといったことよりも生活関係の緊密さなどに重点をおいて承継者を指定しているようですから、次男の方が指定される可能性は高いと思われます。

遺言公正証書で指定しておきたいという場合は、事前に公証役場にご相談されることがよいのではないかと思います。

ご相談の内容は、相談者が土地を購入し、売買契約公正証書を作成して所有権移転仮登記をしたが、その後残代金の全額を支払った直後に売主が亡くなったために、当該土地の所有権移転の本登記ができるかどうかが心配になったということです。というのも、売主の相続人が限定承認をしたということで、そのこともあってよけいに相続人が本登記に協力してくれるかどうか不安でたまらないということです。

土地という大切な財産ですので心配されるお気持ちはよくわかります。

土地の売買契約公正証書を作成し、所有権移転の仮登記をした直後に売主が亡くなりました。本登記はできますか。

1 所有権移転の仮登記

仮登記は、将来の本登記の順位を保全することを目的としてあらかじめする登記のことを言います。後に本登記をすれば、その対抗力は仮登記の時に遡ります（不動産登記法１０６条）。

仮登記ができるのは、①物権変動は生じているが、本登記の申請に必要な手続上の要件が欠けているとき（不動産登記法１０５条1号）、②物権変動は生じていないが、物権変動を生じさせる請求権が発生しているとき（同条2号）であり、その手続は当事者双方の申請によるのを原則とします。しかし、仮登記の登記権利者の申立てにより、裁判所の発する仮登記を命ずる処分があれば、権利者が単独で申請することができます（不動産登記法108条1項）。

ご相談のケースは、土地の売買契約ですが、契約時に代金の全額を支払えないということで、後日の残金の支払いを担保するために公正証書により売買契約を作成したのではないかと思われます。そうなりますと、通常は、売買契約時には所有権は移転せず、残代金の支払により売買代金の全額が支払われたときに買主（本件の相談者）に所有権が移転することになります。しかし、買主としては、売買契約時に代金の一部は支払っているわけですから、その不動産の所有権を保全する必要があります。そのために通常は、不動産登記法105条2号の仮登記をします。

このケースでも、相談者は、当該土地の買主ですから、その土地の権利を保全するために仮登記をしています。おそらく、所有権移転の時期を売買代金の完済時とし、登記原因は、「年月日売買（条件：売買代金完済）」とする不動産登記法105条2号による条件付所有権移転仮登記（平成21年2月20日法務省民2第500号民事局長通達556）がなされているものと考えられます。

2　売主の死亡

このケースは、買主（相談者）が、残金の全額を支払った時に、同時に仮登記の本登記を求めることが法律的には可能であったと考えられます。民法533条は、「双務契約の当事者の一方は、相手方がその債務の履行を提供するまでは、自己の債務の履行を拒むことができる。ただし、相手方の債務が弁済期にないときは、この限りではない。」と規定し、そのことを明らかにしています（同時履行の抗弁権）。例えば、買主のほうで代金を持参するまでは目的物を引き渡さないと売主は主張できますし、買主は、代金の全額を支払う時に同時に所有権の移転登記をすることを求めることができます。

本ケースは、後者の場合に該当しますが、判例も、不動産の売買における売主の登記協力義務と買主の代金支払義務について同時履行の抗弁権を認めています（大判大正7年8月14日民録24巻1650ページ）。

しかし、現実には本登記はされていないということで、そのあたりの事情については明らかではありません。お互いの信頼関係の中で、あまり法律的にことを処理することを遠慮されたのかもしれません。ただ、結果的には、その後売主が急死され、仮登記の本登記手続のみが残ってしまったということになっています。さらに、売主の相続人が限定承認をしたということで、そのことが相談者の本登記手続にどのように影響してくるかということも問題となります。

3　限定承認と本登記協力義務

限定承認によって被相続人の有していた登記義務がどうなるかという点については参考となる判例がいくつかあります。

まず、本登記の権利と限定承認の関係については、「被相続人が設定した抵当権が限定承認の当時未登記であった場合、抵当権者は相続人に対しその設定登記を請求する利益を有せず、登記を請求できない。」としています（大判昭和14年12月21日民集18巻1621ページ）。未登記の抵当権者は他の相続債権者に対抗できず、優先権（民法929条ただし書）が認められないことから、他の一般債権者とともに債権額の割合に応じて相続財産から弁済を受けるしかないと考えられるからです。それでは、このケースのように条件付所有権移転仮登記がされている場合はどうかということになります。

この場合、売主の相続人は、売主（被相続人）の買主（相談者）に対する所有権移転登記義務（仮登記を本登記にするために協力すべき義務）を相続していることは明らかです。そうなりますと、相続人が限定承認をしたことによって買主に対する本登記協力義務が消滅するかどうかということになりますが、結論的にはこの義務は消滅しません。このケースの場合、すでに買主である相談者は売買代金の全額を支払っており、相談者に所有権が移転していますので、仮登記の順位保全効により、相続人は、限定承認をしていても相続人としての本登記申請に協力すべき義務を相続により承継していると考えられます。判例も、譲受人が相続開始前に被相続人からの所有移転仮登記を経由していた場合には、その相続人が限定承認したときでも、相続開始後に仮登記に基づく本登記を経由することにより、相続債権者に所有権取得を対抗できるとしています（最判昭和31年6月28日民集10巻6号754ページ）。

なお、仮登記をしていても、ご相談のケースとは違い、売主の死後に残金全部の支払がされたような場合、つまり売主の死後に実体上の要件が成就した場合はどうかということが疑問になりますが、その場合においても、相続人は将来本登記をすべき契約上の地位を相続していることになりますので、同様に考えられます（昭和35年5月10日民事3発328号法務省民事局第3課長事務代理電報回答）。

＊

不動産取引における登記の重要性を考慮しますと、不動産取引における売主の登記協力義務と買主の代金支払義務はまさに同時履行の関係になります（民法533条。大判大正7年8月14日民録24巻1650ページ）ので、ご相談のケースは、残代金の全額を支払ったその時点で本登記の実現に向けて何とかしたかったところではあります。

ただ、本ケースの場合、現時点においても、相続人の方に対して本登記の協力をお願いできる立場にありますので、相続人の方に協力を求めて円滑に本登記ができると法律的には考えられます。参考にしていただければと思います。

著者紹介

藤原　勇喜（ふじわら　ゆうき）
〔略　歴〕 法務省法務総合研究所教官（兼任）、法務省民事局民事調査官、同登記情報管理室長、東京法務局民事行政部長、同総務部長、仙台法務局長、大宮公証センター公証人、社団法人民事法情報センター理事、日本文化大学法学部講師（民法・破産法）、早稲田大学法学部講師（不動産登記法）、国土交通省国土審議会専門委員（地籍調査・区画整理）など歴任。
現在、藤原民事法研究所代表。
〔著　書〕
公図の研究〔５訂版〕（大蔵省印刷局→㈱朝陽会）／新訂渉外不動産登記（㈱テイハン）／新訂相続・遺贈の登記（㈱テイハン）／体系不動産登記（㈱テイハン）／公正証書と不動産登記をめぐる諸問題（㈱テイハン）／信託登記の理論と実務〔第３版〕（㈱民事法研究会）／倒産法と登記実務〔第３版〕（㈱民事法研究会）など多数

グリームブックス（Gleam Books）

著者から受け取った機知や希望の“gleam（ひらめき）”を、
読者が深い思考につなげ“gleam”を発見する。
そんな循環がこのシリーズから生まれるよう願って名付けました。

公正証書ア・ラ・カ・ル・ト
―公正証書とは―

平成28年４月25日　発行　　　　価格は表紙カバーに表示してあります。

著　者　　藤原　勇喜

発　行　　株式会社　朝 陽 会　〒340-0003　埼玉県草加市稲荷2-2-7
電話（出版）　048（951）2879
http : www.choyokai.co.jp/

編集協力　有限会社　雅 粒 社　〒107-0052　東京都港区赤坂2-6-22-201
電話　03（5562）9218

ISBN978-4-903059-47-1
C0032　¥1000E

落丁・乱丁はお取り替えいたします。